Sonskap
En resa in i Faderns hjärta

M. James Jordan

Fatherheart Media
www.fatherheart.net

©2020

Sonskap - av M.James Jordan
Originalets titel: *Sonship*
Tredje utgåvan utgiven av Fatherheart Media 2014
Första gången utgiven av Tree Of Life Media 2012

NOTERA ATT DENNA BOK HAR - I ÖVERSATT FORM - SAMMA INNEHÅLL SOM TIDIGARE   UTGÅVOR. DENNA UTGÅVA HAR BARA ANNAN FRAMSIDA.

PO Box 1039, Taupo, New Zealand 3330
w.w.w.fatherheart.net

Framsida: Tom Carrol
Svensk översättning: Liv Schiötz Erichsen

Med speciellt tack till:
Wilson Sze, Erica Sze, Cathy Garrat,
Veiko Kosonen och Lloyd Ashton

ISBN: 978-0-9941198-3-4

Alla rättigheter reserverade. Inga delar av denna bok kan reproduceras, lagras i ett sökbart medium eller återges på något annat sätt, exempelvis i elektronisk form, fotokopiering eller vid ljudinspelning utan tidigare skriftligt samtycke av utgivaren, med undantag för korta citat i tryckta bokrecensioner.

Där inget annat sägs är alla bibelcitat hämtade från Svenska Folkbibeln 2015. Bibelöversättningarna som används i originalutgåvan Sonship är: New King James Version och New International Version.

För andra böcker, e-böcker, CD, DVD, eller MP3, gå till w.w.w.fatherheart.net/store. Vi tar gärna emot beställningar via nätet och skickar via posten.

Till Jack och Dorothy Winter

INNEHÅLL

Erkännanden 9

Förord 11

1. Fadern uppenbaras 13

2. Hjärtats betydelse 36

3. Förlåtelse från hjärtat 46

4. En sons hjärta 74

5. Gud är vår verklige Far 92

6. Den föräldralösa anden 110

7. Sonskapets hemlighet 132

8. Sonskapets härliga frihet 152

Källor 172

En inbjudan… 173

Fatherheart Media 175

ERKÄNNANDEN

Jag kan inte med ord uttrycka hur stor tacksamhet jag känner inför Jack Winter och det avgörande inflytande han haft i mitt liv. När jag som ung kristen gick på bibelskola talade Herren klart och tydligt till mig och sa att han önskade att jag skulle bli en "Josua" till Jack Winter. Under de senaste tjugofem åren var Denise och jag först hans lärjungar, men blev efterhand som en andlig son och dotter till honom. På samma sätt som Josua i sitt liv tog till sig allt Herren hade talat till Moses, försökte jag göra till mitt eget allt vad Herren hade talat till Jack. Innan Jack dog, la han sina händer på mig och bad att jag skulle få del av samma smörjelse som täckt honom som en mantel. Jag försöker fortsätta i Jacks fotspår och efter hans död, att gå in i ett land på andra sidan floden från den punkt där Jack korsade den, på samma sätt som Josua gjorde efter Moses död.

Jag önskar också i stor tillgivenhet ge erkännande till John och Sandy Randerson, Jan and Sandra Rijnbeek, min hustru Denise, mina barn, Jack Winter (igen) och några andra som fortsatt att tro på mig, hållit mig uppe och burit mig när jag inte klarade stå själv.

Jag vill tacka Stephen Hill för de timmar av arbete han lagt ner på den här boken. Utan hans medverkan kunde inte boken blivit till. Tack också till Wilson och Erica Sze för deras uppmuntran att se boken tryckt.

Jag vill tacka alla människor på Fatherheart Ministries International för vänskap och uppmuntran under tiden när vi tillsammans utforskat Faderns kärlek.

Till slut - här strävar jag efter att finna de rätta orden - jag tror inte det är möjligt att med ord uttrycka min tacksamhet till vår Gud och Far för hans underbara plan för mitt liv, hur han hjälpt mig att finna och leva ut den. Han fanns hos mig innan jag blev kristen, och efter att jag blev kristen har han varit trofast utan att låta sig påverkas av om det gått bra eller dåligt för mig. Han bara älskar mig.

FÖRORD

1977 fick Jack Winter se något som skar rakt igenom alla de olika förgreningarna och uttrycksformerna i kristenheten under denna tid. Det var som en blixt av rent ljus. Han såg rakt in i Gud Faderns hjärta. Konsekvenserna ekar fortfarande genom kristenheten fram till denna dag.

Jack och Dorothy Winter hade levt ett fantastiskt liv fram till den dagen. Fyllda med den Helige Ande och tro, hade de rest in i okänt land och gjort avkall på denna värld med dess bekymmer. De levde på en nivå av överlåtelse till Anden och till Guds Ord som är ovanlig. Snart kom hundratals andra från hela världen tillsammans med dem i en organisation som kallades för "Daystar Ministries". Det var inom detta nätverk av grupper som Jack fick se in i Faderns hjärta.

Under resten av sina återstående tjugofem år i livet gav Jack sina extraordinära resurser, som flödade ut ur hans rika inre liv och djupa upplevelser, till att fullt ut förmedla Guds kärlek. Han hade förstått att denna kärlek faktiskt var en substans som kunde överföras till andra människor och som kunde hela människor med brustna hjärtan. Han reste världen över och han flög flera miljoner mil. Han använde varje dag från gryning till solnedgång till att hålla tusentals människor i sin famn och han fick se Guds underbara helande kraft. Jag var en av dem. Jack hade sett verkligheten av Guds faderskärlek och att detta är själva höjdpunkten i den nytestamentliga uppenbarelsen.

Den här boken berättar om min personliga resa mot och in i det ljuset. Jack var en andlig far för mig och innan han dog i augusti 2002, la han sina händer på mig för att jag skulle ta emot hans mantel. Men även denna lysande uppenbarelse om Faderns kärlek som han hade tagit emot, var bara till en del. Det finns alltid mer. Denna bok är den väg jag har funnit till Fadern. Han har fyllt mitt hjärta med sin kärlek så att jag inte längre bara räknar mig som en kristen, utan kan nu leva som son. Detta var bara det första steget - det finns alltid mer.

— *James Jordan, Taupo 2012*

KAPITEL 1

Fadern uppenbaras

~

Under de sista 15 åren har jag rest runt jorden mer än trettiofem gånger. Jag har talat på oräkneliga konferenser och i kyrkor och där delat uppenbarelsen om Fadern. Jag har ofta känt att Herren tar mig runt jorden bara för att tala om för människor vad som har hänt i mitt liv. Någon sa en gång till mig: "James, du verkar tro att Faderns kärlek är svaret på hela mänsklighetens problem." Tror jag verkligen det? Ja, jag tror det av hela mitt hjärta.

Ju mer jag fördjupar mig i denna uppenbarelse om Faderns kärlek, desto mer förstår jag att det är nödvändigt med en total förnyelse av kristendomen. Vi har haft en form av kristendom som är alldeles för fokuserad på vad du måste göra, inte på vem Gud är och vad han har gjort! Många av oss bär på en ryggsäck med ett falskt evangelium som presenterats för oss. Vi har fått höra vad vi måste göra utifrån vårt initiativ, istället för vad Gud har gjort genom *sitt* initiativ. Vi har fått höra att vi har blivit välsignade för att vi ska vara till en välsignelse för andra. Sanningen är att vi har blivit välsignade därför att Gud älskar oss och för att han längtar efter att välsigna oss. Vi har fått presenterat ett evangelium som säger att vi måste arbeta för Gud - men jag kan tala om för dig att till slut kommer detta få dig att bli utbränd. Fler och fler kristna vill inte längre vara med om denna typ av kristendom och de hoppar av ekorrhjulet som handlar om att ständigt försöka behaga Gud och arbeta för honom.

Vad det kristna livet handlar om är detta: Gud älskar dig och han vill att du varje dag ska erfara att han älskar dig. Detta är hela meningen med det kristna livet. När vi inser det, för det oss in i vila, tillfredsställelse och till en inre frid som är så smittsam att människor blir berörda av att vi bara är dem vi är. Vi befinner oss i en förnyelse, en reformation och ett återupprättande av det kristna livet som jag tror är lika betydelsefull som den protestantiska reformationen.

Att känna Jesus är inte detsamma som att känna Fadern

Så många av de intryck jag har fått genom åren som kristen är att allt är centrerat runt Jesus. Fadern nämns bara i förbigående. Egentligen tycks Fadern vara i bakgrunden i jämförelse med Jesu person. Jag tror att det är på grund av att vi har ett sånt fokus på människan Jesus att vi har fått idén att: om vi känner Jesus och har upplevt Jesus så känner vi automatiskt Fadern. En av de verser som människor kan få denna missuppfattning ifrån är Johannes 14:7 när Jesus sa: "Om ni har lärt känna mig, ska ni också lära känna min Far", men vi måste komma ihåg att Jesus *inte* är Fadern och att Fadern *inte* är Jesus. Jesus sade *inte* "Jag är Fadern." Han sa aldrig att känna honom var detsamma som att känna Fadern. Han sa att Fadern var i honom och gjorde gärningarna. Han talade ord som Fadern sa till honom att säga. Han sa: "Jag gör bara det jag ser min Fader göra", men han sa *aldrig:* "Jag *är* Fadern."

Allt vad vi lär och undervisar måste vara baserat på Bibeln. Om vi får en uppenbarelse som inte är baserad på Bibeln, är det inte en uppenbarelse från Gud. Men det måste ändå sägas att vandra i enlighet med Bibeln är inte nödvändigtvis detsamma som att vandra med Gud. Men om du vandrar med Gud kommer du *automatiskt* att vandra i enlighet med Skriften. Vi vandrar i Anden och inte i Ordet, men Anden kommer aldrig att leda oss in i något som Ordet inte bekräftar. Lärjungarna läste aldrig någonsin Nya Testamentet. De skrev det! Vad var deras källmaterial? De vandrade i Anden och Anden gav dem orden att skriva ned.

En gång läste jag något som Andrew Murray hade skrivit som gjorde ett djupt intryck på mig, och som bidragit till att jag skrev denna bok. Han skrev: *"Vad Faderns kärlek var för Jesus, kommer hans kärlek att vara för oss."* Du förstår, den största bristen i vår kristna erfarenhet är att även när vi förtröstar på Kristus så lämnar vi Fadern utanför. *Men Kristus kom för att föra oss till Gud Fadern.* Det var hela meningen med att han kom - att föra oss till Gud Fadern.

Sedan fortsatte Andrew Murray: *"Jesu liv i förtröstan på Fadern var ett liv i Faderns kärlek."* Jag älskar det uttalandet! Anledningen till att han kunde förtrösta på Fadern var att han visste att hans Far älskade honom fullt ut, och att han kunde lita på den kärleken. Genom allt som hände i hans liv hade han en total förtröstan på Fadern. Sedan gör han det uttalande som jag älskar allra mest: *"Vad Faderns kärlek var för Jesus, kommer den att vara för oss."* Vilken plats hade Faderns kärlek i Jesu liv? Hur viktig var Faderns kärlek för Jesus? Du kan inte annat än säga att den betydde allt! Han gladde sig över att göra sin Fars vilja. Han levde i erfarenheten av och kunskapen om Faderns kärlek för honom. Han var i Faderns famn och för evigt lever han där i Faderns hjärta. Det är hans plats.

Jag tror att vi idag ser en uppenbarelse som börjar gå över världen, som en våg på havet som kommer att slå in över oss som en tsunami. Det är upprättelsen av den plats som Fadern har i den kristnes liv.

Derek Prince kommenterade om Johannes 14:6 (där Jesus sa: *"Jag är vägen, sanningen och livet. Ingen kommer till Fadern utom genom mig"*). Han gjorde då följande uttalande: *"Denna vers talar om en väg och ett slutmål. Jesus är vägen, Fadern är slutmålet."* Sedan gjorde han en observation: *"Problemet som de flesta församlingar har idag är att de har fastnat på vägen."* Vi har kommit till Jesus men vi har inte kommit vidare in i en nära relation med Fadern. En av anledningarna till detta är att många av oss har saknat nära relationer med våra jordiska fäder, och då kan vi inte förstå när vi läser verser som dessa. Vi tolkar vår teologi som att allt handlar om Jesus, men jag tror Jesus skulle ha sagt: "Allt handlar inte om mig. Det handlar om min Far."

Vi lever i en tid när själva grunden för vår kristna tro går från att ha varit en pall med två ben till att bli en pall med tre ben. Vi har haft en uppenbarelse om Jesus och en uppenbarelse om den Helige Ande och vi har baserat vår kristna tro på dessa två realiteter, därför att *uppenbarelse är* det som är verklighet för våra hjärtan. Nu kommer Gud och ger oss en uppenbarelse av sig själv som Far och eftersom Gud är kärlek är det en upplevelse av kärlek. Det är baserat på en personlig och intim invasion av Faderns kärlek in i våra hjärtan. För många människor kommer det som en mäktig ström, medan för andra så droppar det in lite i taget. Det spelar egentligen ingen roll hur det kommer så länge det kommer. Faktum är, att uppenbarelse ofta kommer till oss som när ljuset bryter fram på morgonen.

När vi lägger en grund av vem Fadern ska vara i den kristnes liv, vill jag citera några ord av Augustinus. Han sa att *"Skriften gör inget annat än att tala om Guds kärlek. Detta är budskapet som stöder och förklarar alla andra budskap."* Varje kristen sanning som du kan tänka dig är ett uttryck av kärleken från Fadern. *Allt* i den kristna läran handlar om kärleken från Fadern. En kristendom som inte förstår och upplever Faderns kärlek, är en kristendom som har förlorat sin grundval.

Något kommer att vara snett med vårt koncept om vad det innebär att vara en kristen om vi inte har Faderns kärlek som vår grund. Till och med korset är ett uttryck för Faderns kärlek. Faderns kärlek är inte ett uttryck för korset. För så älskade Gud världen att han gav sin enfödde Son och hans död på korset var, på det sättet, det främsta budskapet om hur mycket Gud älskar oss. Det uttrycker vad Guds kärlek verkligen är. Hela meningen med kristendomen är Faderns kärlek och att korset tar bort allt som kommer mellan oss och denna kärlek, så att vi kan komma frimodigt till nådens tron och kliva rakt upp i hans knä och lära känna honom som vår Far. Vår kristna tro blir väldigt förvriden om vi inte förstår att Faderns kärlek är uppenbarelsen som både underbygger och förklarar alla andra budskap.

Augustinus fortsätter att säga: *"Om det skrivna bibelordet kunde förvandlas till ett enda ord, att bli en enda röst, så skulle denna kraftfulla röst som är starkare än havets rytande, ropa ut: Fadern älskar dig!"*

Du förstår, vi vet inte det vi inte vet! Om vi inte känner Gud som Far så vet vi det inte. Oavsett om vi kan alla doktriner; vi kan till och med undervisa människor om vad det betyder att känna Gud som Far utan att personligen känna honom som Far. Denna uppenbarelse förändrar vårt perspektiv så mycket att vi utan att tänka på det, automatiskt, kommer att börja kalla Gud för "Far". Vi kan ha kunskap om vad Bibeln säger *om* Fadern och vi kan tro att det innebär att vi känner Fadern själva! Men vi vet inte att vi inte vet!

Ett av de största problemen inom kristenheten idag är tron på att om vi vet vad Bibeln säger har vi automatiskt det den talar om. Detta är ett stort misstag! När jag undervisar möter jag ofta denna missuppfattning. Ibland är det ett speciellt problem för sådana som jag, som har en akademisk bakgrund. Under många år trodde jag att kunskapen om Skriften var detsamma som att ha realiteten av vad Skriften talar om. Det invaggade mig i den totalt felaktiga uppfattningen om var jag stod i förhållande till Gud. Till slut blev det krossat genom ett personligt felsteg. När det hände insåg jag plötsligt att all min kunskap inte kunde förändra mig överhuvudtaget! Jag ropade ut till Gud efter något som skulle kunna förvandla mig.

Idag lever vi i en tid när Gud uppenbarar sig själv som Far på ett sätt som aldrig tidigare hänt sedan apostlarnas dagar. Oavsett vilken kunskap och erfarenhet du haft i det förflutna, finns det en ny nivå och omfattning av Faderns kärlek tillgänglig för dig. Om vi kan öppna våra hjärtan för denna kärlek, kan han förvandla hela vår erfarenhet av kristet liv till något som är mycket större. Kristen tro börjar på riktigt när vi erfar och förstår att Jesus dog på korset för att vi skulle få ta emot - Faderns kärlek!

Låt mig börja historien om hur denna uppenbarelse började för mig. När Denise och jag blev frälsta 1972, kom vi från en helt icke-kristen bakgrund. Vi hade aldrig haft någon erfarenhet av någon form av kristendom. Bredvid det hus där jag växte upp fanns en liten kyrka på en kulle. Jag brukade se människorna som gick dit. Några av dem var mina vänner från skolan, men jag kunde inte fatta varför de skulle vilja tillbringa en underbar söndagsmorgon i kyrkan. Jag hade ingen förståelse alls. Jag hade aldrig ens hört termen "att bli född på nytt".

När jag var nästan 22 år gammal gav jag mitt liv till Herren. Frälsningen innebar en enorm förändring i mitt liv, därför att från det jag var liten pojke hade jag varit en extremt ensam person. Vi bodde i en liten by på landsbygden och för det mesta hade jag inte någon att leka med. De pojkar som var jämnåriga med mig bodde åtminstone fem kilometer bort, så efter skolan och på de flesta helger så vandrade jag för mig själv på ängarna och kullarna bakom vårt hus. Ibland efter skolan så kunde jag gå upp på kullarna tills mörkret föll. Sen gick jag hem över markerna, förbi de andra gårdarna, över staket och grindar. Jag kände till trakten så väl, men jag var väldigt ensam.

När Jesus kom in i mitt liv, in i min extrema ensamhet, blev det väldigt starkt för mig. Plötsligt fanns den här personen som hade kommit in i mitt hjärta, som älskade mig, och jag började älska Jesus på grund av detta. Min frälsning var bokstavligen som en upplevelse av fantastiska färger. Aldrig hade väl himlen varit starkare blå eller gräset fräschare grönt!

Född in i väckelse

När jag blev frälst började Denise och jag gå i en kyrka som hade väckelse. Många amerikaner använder termen väckelse på samma sätt som vi skulle använda termen en evangelisationskampanj för en serie av evangelistiska möten. Men väckelse, som jag kommit att förstå det, är när Guds närvaro och kraft är så starkt manifesterad att människor upplever det på ett påtagligt sätt. När väckelse kommer har det alltid en signifikant effekt på vår upplevelse av kristet liv. En sann väckelse är när Guds närvaro kommer med extrem kraft. Det är en överväldigande utgjutelse av hans närvaro på en speciell plats.

Underbara saker hände i kyrkan under den väckelsen. Det fanns en ung kvinna som ville lära sig att spela piano för att kunna ackompanjera lovsång, men hon hade aldrig tagit en enda pianolektion i hela sitt liv. En dag när hon satte sig ner vid pianot, bad en av de äldste för henne och omedelbart kunde hon spela i vilken tonart som helst. Hon kunde inte spela piano vid andra tillfällen förutom när hon ackompanjerade under lovsången. Först 16 år senare började hon ta pianolektioner för att upptäcka vad hon gjort under alla dessa år.

Ibland såg människor Jesus fysiskt vandra genom kyrkan. Han gick fram och tillbaka i bänkraderna och lade sina händer på människor och bara vidrörde dem när han gick förbi dem. Många människor hade samma vision och kunde se exakt samma saker samtidigt under gudstjänsten. En av de äldste välkomnade nya besökande. Därefter inbjöd han den Helige Ande att komma och vi väntade på vad som skulle hända. Under ca fem år fanns inget behov av en pastor eller ledare i mötet, eftersom den Helige Ande var så kraftfullt närvarande. Det var en helt extraordinär tid. Detta gav mig en hunger efter att kontinuerligt uppleva väckelse och sedan dess har jag en förväntan och hopp om att det kanske ska komma igen en dag. Men vi kan inte få det att hända för det är helt upp till honom.

När jag ser tillbaka på den tiden inser jag något annat. När Guds Ande var så kraftfullt manifesterad gjorde jag ett felaktig antagande: att anledningen till att han ärade vår kyrka med sin närvaro var på grund av att vår undervisning var perfekt. Många människor genom historien och över hela världen gör idag samma misstag. Vi tror att om vi får vår tolkning av Skriften korrekt och applicerar den på exakt rätt sätt kommer han att ära oss med sin manifesterade närvaro. Men det är inte sant! Faktum är att det antagandet är grunden till så mycket splittring bland kristna idag. Verkligheten är att han inte kommer för att läran är rätt, men han kommer för att *korrigera* läran. Ordet kan bara förstås i hans närvaro. Bibeln skrevs under väckelse och varje person som skrev den, levde i en personlig och total väckelse. Den är skriven om väckelse och kan bara förstås i väckelse.

Vi upplevde en underbar känsla av hans närvaro, söndag efter söndag, år efter år, och människor kom från hela världen. Vid en tidig tidpunkt beslutade de äldste i kyrkan att organisera en konferens. Det enda stället i staden som var tillräckligt stort för att rymma alla människor var på galoppbanan där det fanns en stor läktare. Många människor kom för att höra några av världens bästa talare på den tiden. Det var en stor välsignelse för oss att bli betjänade av dessa internationella talare och ta del av den smörjelse som fanns i dessa möten. Men vi trodde att Gud hällde ut sin välsignelse över oss på grund av att läran var rätt. Jag tog in absolut allt som blev predikat och undervisat. Det slog mig aldrig att ifrågasätta detta som något annat än absolut sanning.

Jag kommer ihåg en speciell talare på konferensen som predikade ett budskap som verkligen berörde mig, och som jag accepterade utan att ifrågasätta. Han talade utifrån texten när Jesus tog med sig Petrus, Jakob och Johannes till förklaringsberget. Han talade om hur Jesus förvandlades och hur hans skepnad förvandlades, och hur han ikläddes Herrens härlighet och de såg (åtminstone delvis) honom uppenbarad som han hade varit i evigheten. Mitt i detta såg de Moses och Elia uppenbaras med honom. Fadern talade från molnet: *"Detta är min älskade Son. Lyssna till honom"*, och de tre lärjungarna föll medvetslösa till marken. Efter en stund vaknade de upp och såg *"Jesus allena"*. Moses och Elia var borta och Jesus var nu sig själv igen.

Jesus allena

Hela poängen med talarens budskap kunde summeras i två ord *"Jesus allena"*. Han sa att "vi ska se på Jesus och bara på Jesus. Han är trons upphovsman och fullbordare. Han är Alfa och Omega, begynnelsen och slutet. Han är det enda namn under himmelen genom vilket vi kan bli frälsta. Han är huvudet för sin kropp, kyrkan. Han är brudgummen. Han är allt och Hans namn är över alla andra namn." Allt handlar om Jesus och bara om Jesus!

När han predikade detta sa allting i mig "Amen!" eftersom Jesus frälst mig och jag hade haft en sån stark upplevelse av frälsningen. Jesus hade blivit allt för mig och varje gång jag bad, så var det alltid adresserat till "Jesus min Herre." Allt handlade om Jesus. Tillbedjan handlade bara om Jesus och de sånger vi sjöng handlade bara om Jesus.

Ibland kunde de stoppa in en vers som handlar om den Helige Ande eller om Fadern, men allt var fokuserat på personen Jesus. Jag trodde att det var hela kristendomens fokus.

"Har du tagit emot *Faderns* kärlek?"

Några år senare gick vi på bibelskola. En man som hette Jack Winter kom till Nya Zeeland och talade på en konferens i skolan. Jack började tala om Fadern och under den tiden började han ta emot en större uppenbarelse om Fadern. Vi hade aldrig mött någon med en sådan smörjelse från Gud som Jack hade. Vi hade fått ta emot en massa underbara tjänstegåvor men när Jack Winter talade tyckte jag det var som om jag hade lyssnat till Jesus. Det var så mycket mäktigare än något jag någonsin hade hört förut.

Jack brukade säga en underbar sak: "Många människor predikar evangelium, *men vi ger dem en möjlighet att leva det.*" Det var ett enormt påstående. För att vara en del av Jacks tjänst skulle du sälja allt du ägde, ge det till de fattiga eller lägga det vid apostlarnas fötter, och tillsammans med andra troende ansluta dig till en rörelse som då kallades för Daystar Ministries. Det var den mest utpräglade trosrörelse som jag har någonsin mött. Det fanns tillfällen när tvåhundra människor på basen inte hade någon mat att ställa fram vid nästa måltid, så då började vi bara att be. Det är en sak att be och att gå in i förbön för något, men när du behöver mat på bordet inom två timmar får bönen en helt annan betydelse.

Uppenbarelsen om Fadern, som hade börjat att ta form hos Jack på konferensen i Nya Zeeland, blommade nu för fullt och han hade börjat förstå, att om människor fick erfara Faderns kärlek kunde de också ta emot inre helande. Det var en spännande tid. Det fanns cirka fyrahundra familjer som stod med i hans tjänst det året. Det fanns tolv olika baser i USA som hade sexhundra medarbetare som arbetade heltid. Ändå var Jacks skrivbord bara ett litet bord bredvid hans säng. Han höll inte på med några storslagna saker överhuvudtaget.

När vi kom dit var alla upprymda över uppenbarelsen om Faderns kärlek. De började fråga mig: "Har du tagit emot Faderns kärlek?" Jag blev stött och tog illa vid mig av det. Jag var tjugoåtta år gammal och kände att vi skulle ge resten av våra liv till Jacks tjänst. Jag hade just kommit från Nya Zeelands skogar, vilket de flesta människor skulle beskriva som en djungel. På Nya Zeeland klättrar skogen drygt 1000 meter upp över bergsluttningarna och vidderna på kullarna liknar böljande sjöar av gyllene gräs. Denna natur är en underbart vacker plats att leva sitt liv på och nu hade jag kommit från detta vildmarksliv. Jag var en stark och vältränad ung man som var van att leva ute i vildmarken och sova under bar himmel. Jag var van att hugga ved till att göra upp eld för att laga min mat och van vid den typen av hårt liv, och så kommer människor fram för att fråga mig om jag hade tagit emot Faderns kärlek!

I mitt inre svarade jag ganska irriterat på denna fråga: "Lyssna, jag är fylld med den Helige Ande. Jag har redan planterat en församling. Jag har gått på bibelskola. Jag kan profetera, kasta ut demoner, bota de sjuka och predika evangeliet ute på gatorna. Jag är en som förgör demoner. Jag är en gudsman! Gud har kallat mig till att vara en profet, en stark skördetröska som skiljer vetet från axet och mellan själ och ande. Mina ord ska få folk att falla ned på sina knän, min predikan ska separera syndarna från de rättfärdiga och tala in i många människors liv. Jag är kallad att vara en profet! Jag håller inte på med det här "kärlekspratet." Vad menar ni med frågan *Är jag fylld med Faderns kärlek?"*

Det första ljuset

När vi varit där några månader dök en tanke upp i mig. Jag kom ihåg när jag var fyra år gammal. Min mamma (som måste ha haft en beröring av Herren på den tiden) brukade ta min bror, min syster och mig in på sovrummet på kvällen, där böjde vi knä inför en liten kista där det stod ett kors och ett stearinljus. Hon brukade tända ljuset och sedan lärde hon oss att be "Fader Vår". När vi blev äldre kom mina syskon inte ihåg det, men jag kom ihåg det väldigt väl, därför att ända sedan dess har jag bett "Fader Vår" varje kväll när jag gått och lagt mig. Jag blundade och i mitt sinne bad jag Herrens bön. På slutet bad jag alltid "Gud, välsigna mamma och pappa, min bror Bob och min syster Sylvia, och Herre, när jag har växt upp låt mig vara vid god hälsa, ha en lycklig familj och ett bra arbete." Jag bad detta varje kväll. Vissa kvällar missade jag det men då bad jag det två gånger nästa kväll! Jag skippade aldrig en kväll.

Under de första fyra månaderna på Daystar Ministries, påminde Herren mig om att när Jesus undervisade sina lärjungar att be, så lärde han dem säga "Fader vår". Jag insåg att jag hade bett på det sättet från det jag var fyra år gammal tills jag var fjorton eller femton. Jesus lärde sina lärjungar att tala till sin *Far*. Jag kunde se hur Jesus, även helt i början, förde lärjungarna in i en relation direkt med Fadern och inte bara med *sig själv*. Det här var den första sprickan som slogs in i budskapet om "Jesus allena" som jag hade hört. Jag började inse att den kristna tron inte bara handlade om Jesus.

Du förstår, när människor brukade säga till mig "Har du tagit emot Faderns kärlek?" så blev frågan för mig: "Varför talar du om Fadern? Det handlar ju bara om Jesus! Hans namn är det enda namnet under himlen genom vilket vi kan bli frälsta. Han är Herre över alla. Han är Konungars Konung. Det handlar om Honom. Han är den som frälst oss, den som dog på korset". Jag förstod inte att också Fadern, i den djupaste förståelsen, också dog på korset. Jag bara fortsatte att upprepa: "Allt handlar om Jesus!"

Jag kände att om jag hade en relation med Fadern så var jag illojal mot Jesus. Jag tänkte för mig själv: "Efter allt vad Jesus har gjort för mig, hur kan jag vända mig bort från Jesus och ha en relation med Fadern?" Det var en kamp för mig. Såklart hade det ingenting att göra med detta, men det var så jag kände det. Minnet av att be "Fader Vår" var den första sprickan i mitt försvar. Jesus sa ju faktiskt till lärjungarna att de skulle prata med sin Far. Han sa:

"När du ber, gå in i din kammare och stäng din dörr och be till din Far som är i det fördolda." (Matteus 6:6)

Plötsligt tänkte jag: "Åh! Det är något med Fadern i detta." Det är legitimt att ha en direkt relation med Fadern. Jag började inta mark.

Att tillbe Fadern

Några månader senare kom nästa spricka i muren. Jag kom ihåg några år tidigare, när jag gick på bibelskolan, att vi hade en lärare från USA, som hade med sig sin familj till Nya Zeeland under sin vistelse där. Den här killen tillbringade elva år på skolan och han undervisade om Johannesevangeliet. Det fanns tillfällen efter hans undervisning när vi i stället för att bara gå ut, nästan svävade vi ut ur klassrummet. Den vördnad och tillbedjan genom vilken han undervisade var en sån otrolig välsignelse för oss. Han tog oss igenom Johannesevangeliet vers efter vers under ett helt år. I slutet av året så bad han om ursäkt för att han bara hade lyckats komma till kapitel sexton! Det hade varit ett fantastiskt år när vi fick se djupt in i Johannesevangeliet.

När vi kom till kapitel fyra sa han: "Vi ska se på detta kapitel på ett annat sätt. Istället för att jag ska undervisa, så ska var och en av er få en eller två verser att studera, sen får ni komma tillbaka och presentera vad ni lärt er inför klassen." När han sa så hoppades jag omedelbart att jag skulle få en viss vers. Jag tänkte att om jag fick den versen så skulle jag inte behöva göra något hemarbete eftersom jag redan hade uppenbarelse om den. Jag hade verkligen mycket att göra, så om jag fick denna speciella vers, kunde jag slippa göra något hemarbete och istället få lite extra tid för mig själv.

Han delade ut verser till varje elev i klassen och han gav mig exakt den vers jag hade hoppats på. Versen var Johannes 4:23. När jag tidigare hade studerat den var detta vad jag trodde den sa: "Men det kommer en tid, och den är redan här, när sanna tillbedjare skall tillbe Gud i ande och sanning. Sådana tillbedjare vill Gud ha." Detta är inte exakt vad den säger, men det är vad jag *trodde* att den sa. Jag var så nöjd att jag hade fått versen som jag ville ha. Jag behövde ju inte studera den. Till slut var det min tur att dela min uppenbarelse inför klassen. Jag var övertygad om att jag hade gjort ett bra jobb i att kommunicera förståelsen av versen och det bekräftades när några av studenterna kom fram till mig efteråt och berömde mig.

Min uppenbarelse handlade om att "tillbe i ande och sanning", för jag visste vad tillbedjan var. Tillbedjan är när din ande försöker komma ut genom din mun och är det fullkomliga uttrycket av kärlek och tillbedjan. Det handlar inte om en medveten tanke, utan det är en koppling i anden. Jag hade upptäckt att man inte kan lära sig att tillbe. Tillbedjan är en naturlig respons till hans närvaro. *Det* är tillbedjan i ande och sanning! Och detta var vad jag delade som min uppenbarelse av denna vers.

Åtta år senare insåg jag vad versen *verkligen* betydde. Jesus sa egentligen detta:

"Men det kommer en tid, och den är redan här, när sanna tillbedjare skall tillbe <u>Fadern</u> i ande och sanning. Sådana tillbedjare vill <u>Fadern</u> ha."

Fram tills dess hade hela mitt fokus i lovsången varit på personen Jesus, och bara Jesus. Alla sånger vi brukade sjunga på den tiden, och fortfarande sjunger, är bara fokuserade på Jesus. Vi har på oss armband där det står W.W.J.D (what would Jesus do - vad skulle Jesus ha gjort) och vi sjunger "Allt handlar om dig Jesus". Jag tror faktiskt inte att Jesus skulle hålla med om detta. Jag tror att Jesus skulle säga att "det handlar *faktiskt* enbart om min Far."

Självklart är det inte fel att tillbe Jesus. Några av de viktigaste verserna om tillbedjan i Bibeln handlar om personen Jesus, speciellt i Uppenbarelseboken när alla de äldste lägger ned sina kronor inför honom och lyfter upp Guds Lamm i tillbedjan. Men poängen jag försöker göra är att Jesus *själv* sa att "Sanna tillbedjare skall tillbe *Fadern* i ande och sanning." Då, när jag läste denna vers, kunde jag inte tänka mig att säga "jag tillber dig Far," eller "jag älskar dig Far." Jag var chockad över att dessa ord var så långt ifrån mitt synsätt, men jag kunde se att Jesus själv sa dem. Jag började inse att det faktiskt finns en plats för Fadern i våra liv! Mitt ställningstagande för "Jesus och bara Jesus" började förändras.

När nu denna uppenbarelse börjar komma in i församlingen i dessa dagar, och vi börjar se Fadern igen, finns det människor som kämpar med samma uppfattningar. De kritiserar oss ofta och säger: "Ni verkar bara gå till Fadern och förbigår Jesus." Låt mig säga detta mycket tydligt. På intet sätt går vi förbi Jesus. Jesus är *den enda vägen* till Fadern och det är bara i honom som vi har en relation med Fadern.

Vi är i Kristus

En del säger att villolära ofta sjungs innan den predikas. Jag önskar verkligen att de som skriver kristna sånger skulle konsultera med någon som faktiskt har lite teologisk förståelse. Ofta säger våra sånger inte vad Bibeln lär överhuvudtaget. Och ändå sjunger vi många sånger mer än vi läser Skriften. Exempelvis finns det en gammal psalm som talar om "...vandra med Jesus, världens ljus." Många sånger talar om "att vandra med Jesus" men det är faktiskt inte ett bibliskt uttalande.

Vi vandrar inte *med* Jesus. Vi är *i* Kristus och han är *i* oss. Vårt liv har blivit uppslukat i hans liv. Vi är döpta in i honom och *"nu lever inte längre jag utan Kristus lever i mig. Och det liv jag nu lever i min kropp, det lever jag i tron på Guds son som har älskat mig och utgett sig för mig.*" (Galaterbrevet 2:20) Han har blivit mitt liv. Han lever *inuti* mig och jag är *i* honom. Jag har blivit döpt *in i* honom. Det är inte så att jag vandrar sida vid sida med honom utan han är *i* mig och jag är *i* honom. Sanningen är att vi vandrar med Fadern i Kristus. I verkligheten är det egentligen inte *min* relation med Fadern. Jag har kommit in i *Jesu* relation med *sin* Far.

JESUS ÄR VÄGEN TILL FADERN

Genom hela processen började jag se att det verkligen är bibliskt att ha en personlig relation med Fadern, på grund av vem Jesus är och vem jag är *i* honom.

Sedan läste jag Johannes kapitel fjorton, och det är ett kapitel värt att tänka på då det finns sanningar där som ofta är missförstådda. Jag älskar verserna som talar om de sista dagarna innan Jesus blev korsfäst. Jack Winters iakttagelse var, att det sista en person uttalar innan han ska dö förtjänar särskild uppmärksamhet.

Jesus började med att säga:

"Låt inte era hjärtan oroas. Tro på Gud och tro på mig. I min Fars hus finns många rum. Om det inte vore så, skulle jag då ha sagt er att jag går bort för att bereda plats för er? Och om jag nu går och bereder plats för er, ska jag komma tillbaka och hämta er till mig, för att ni ska vara där jag är." (Joh 14:1-3)

Jesus tillkännagav att han skulle lämna dem och ändå hoppades lärjungarna fortfarande på ett fysiskt kungarike. Det var en riktig chock för dem när Jesus sade "Jag ska gå, jag lämnar er här." Jag kan tänka mig att de tittade på varandra och sa: "Visste *du* om *detta*? Jag kom och följde honom för jag trodde att han skulle kasta ut romarna. Vi har gett våra liv och lämnat våra fiskenät. Vi skulle ju resa upp ett rike precis som Mackabeerna gjorde och bli soldater i en ny armé, för att bryta fångenskapen och göra Israel fritt. Vad talar han om *nu*?"

Men Jesus sa egentligen: "Nej, jag går för att förbereda en plats för er, men ni kan inte komma med mig just nu." Och sedan fortsatte han:

"Och vart jag går, det vet ni. Den vägen känner ni." (Johannes 14:4)

Jag kommer ihåg när jag var i skolan med trettio elever i samma klass som mig. Ibland kunde läraren säga något som ingen av oss förstod, men ingen sa något för ingen ville ställa en fråga som fick honom eller henne att verka dum. Jag kan tänka mig att lärjungarna hade en liknande reaktion när Jesus sa "ni vet vart jag går och ni vet vägen". Jag kan tänka mig att lärjungarna tittade på varandra och tänkte: "Vet *du*? Talade han om det för dig? Han talade inte om det för mig. Var jag borta den dagen? Vad pratar han om?"

Jag är säker på att var och en var för skamsna att erkänna att de faktiskt inte visste. Sedan gjorde Thomas detta underbart rena och oskyldiga uttalande: "Herre, vi vet inte vart du går. Hur kan vi då veta vägen?" Jag är så glad att Thomas sa så, för om han inte hade gjort det skulle vi inte haft nästa vers, som är en av de viktigaste verserna i hela Nya Testamentet:

"Jesus sade till honom: Jag är vägen, sanningen och livet. Ingen kommer till Fadern utom genom mig." (Johannes 14:6)

Han berättade för dem om vägen och destinationen! När han sa "Jag går för att förbereda en plats åt er så ni kan vara där jag är", så sa han egentligen att han skulle gå och förbereda en plats åt dem i Faderns hjärta. Lägg märke till att han *inte* sa *"Ni ska vara där jag kommer att vara,"* utan han sa att *"ni kommer att vara där jag är."* Jesus levde alltid i evigheten i Faderns famn och medan han var på jorden *fortsatte* han leva där. Johannes 1:18 säger:

"Ingen har någonsin sett Gud. Den Enfödde, som själv är Gud och är hos Fadern, han har gjort honom känd."

Det kommer en tid när världen bara kommer att lyssna på dem som vilar i Faderns famn, i hans kärlek. För det är bara från den platsen vi kan göra Gud känd och verkligen uppenbara honom för världen. Sonskapet (barnaskapet) kommer att överskugga alla andra aspekter av kristet liv. Det måste det, för det är bara då församlingen till slut kan representera Guds Son fullt ut.

Fadern är destinationen

Jesus sa: *"Jag är vägen och sanningen och livet. Ingen kommer till Fadern utom genom mig."* Jesus är vägen till destinationen. *Destinationen* är Fadern. Så la han till detta uttalande:

"Om ni har lärt känna mig, ska ni också lära känna min Far. Nu känner ni honom och har sett honom."

Många människor har tagit dessa ord och trott att om du har sett Jesus, om du har en upplevelse och en riktig relation med honom, har du automatiskt en relation med Fadern. De tror inte att det finns någon separat upplevelse av Fadern, förutom kontakten med Jesus. Jag skulle nästan kunna tro samma sak om det inte vore för vers 8 och Filippus fråga:

"Filippus sade, Herre, visa oss Fadern så räcker det för oss."

Vad Filippus egentligen sa var "Jesus, jag har iakttagit dig i tre år.

Jag kan se dig men jag kan inte se Fadern!" Vi ser att du har en relation med honom, men vi kan bara se dig. Visa oss *Fadern!*"

Jesus svarade:

"Så länge har jag varit hos er, och du har inte lärt känna mig, Filippus. Den som har sett mig har sett Fadern. Hur kan du säga: Visa oss Fadern? Tror du inte att jag är i Fadern och att Fadern är i mig? Orden jag talar till er säger jag inte av mig själv. Fadern bor i mig och gärningarna är hans verk. Tro mig, jag är i Fadern och Fadern är i mig. Och kan ni inte det, tro då för gärningarnas skull."

Han talade om för Filippus att miraklen var tecken på Faderns närvaro. I vers 7 sa han: "Om du verkligen hade känt mig skulle du ha känt Fadern också." (direkt översatt från eng). Med andra ord kan du känna mig eller *verkligen* känna mig, och om du *verkligen* känner mig så skulle du se Fadern också.

Sanningen, kära läsare, är att du kan ha en relation med Jesus och ändå inte "se" Fadern alls.

Fadern måste uppenbaras genom Jesus

Låt mig säga det på ett annat sätt. Jesus gjorde ett annat uttalande i Matteus 11:27. Han sa:

"Allt har min Far överlämnat åt mig. Och ingen känner Sonen utom Fadern. Inte heller känner någon Fadern utom Sonen och den som Sonen vill uppenbara honom för."

När jag var yngre rörde detta uttalande verkligen mig, därför att jag alltid trott att ensamhet är när du inte känner någon. Jag upptäckte att den sanna definitionen av ensamhet är när ingen känner *dig*. När du upplever att ingen verkligen vet hur det är att vara du är du på en väldigt ensam plats. Ensamheten blir bruten när du kan låta någon annan veta hur det är att leva ditt liv.

När Jesus sa "Ingen känner Sonen utom Fadern", sa han egentligen att Gud var den ende som verkligen kände honom. Jesus bar sin ensamhet under hela sitt liv här på jorden. Inte ens hans mamma förstod honom. Hon "gömde dessa saker i sitt hjärta" men hon förstod honom inte riktigt. Han sa: "Bara Fadern *känner* mig", sen vände han på uttalandet och sa: "Inte heller känner någon Fadern utom Sonen."

Detta var en av anledningarna till varför de judiska ledarna blev så arga och korsfäste honom. Därför att denne Jesus från Nasaret påstod att han kände Jahwe bättre än *dem,* den religiösa eliten! Dessa ledare hade tillbringat hela sitt liv i templet från det att de var små pojkar och hade lärt sig allt som var möjligt att veta om Gud! De hade ständigt levt i denna omgivning och hade memorerat stora delar av Skriften, vilket hade definierat deras liv så att de aldrig skulle göra några fel, bara för att lära känna Gud och bli godkända av honom.

Nu kom denne snickarson, som troligen var stämplad som en oäkting, och sa: "Trots all er lärdom så känner ni egentligen inte Jahwe. *Det gör bara jag".* Naturligtvis trodde de att han var tokig, arrogant eller den ultimata hädaren. Han fördömde hela det judiska religiösa systemet genom att säga att han var den ende som hade rätt, den ende som verkligen kände Gud.

Och han hade rätt. De kan ha känt till *om* Gud, men Jesus *kände* honom. Han var nämligen inte son till Adam för synden separerade inte honom från Gud. Jesaja 59:2 säger att synden separerar oss från Gud, men Jesus *föddes* utan synd! Han var inte en son av Adam. Han blev till genom en direkt befruktning av Fadern själv i Marias livmoder.

Genom hela sitt liv hade han direktkontakt med Gud. Närhelst han bad, uppenbarades Fadern för honom - *ande till ande*. Han var fortfarande tvungen att vandra i tro precis som vi måste göra, men han hade en nära kontakt med Fadern. Han var befruktad av Anden så han var fylld av den Helige Ande från befruktningsögonblicket.

När han sa "Ingen känner Fadern utom jag", så sa han egentligen att "Hela det judiska folket och alla dem som har lärt allt om honom känner honom faktiskt inte, men det gör jag!". Han bevisade sanningen om det genom de gärningar han gjorde, och de ord som han talade. Gärningarna han gjorde var tecken för att visa på Faderns närvaro, inte bara en övning för att visa sin kraft och auktoritet. Hans mirakler pekade på verkligheten om Faderns kärlek till oss.

När de religiösa ledarna var skakade på grund av hans stötande påstående om att vara den ende som faktiskt kände Gud, utvidgade han sitt uttalande: "Ingen känner Fadern utom Sonen *och den som Sonen väljer att uppenbara honom för.*" Vad han menade var: "Jag känner Fadern genom en personlig koppling och ingen känner honom som jag gör, men jag kan uppenbara honom för er. Jag kan uppenbara Fadern för dem som jag väljer att uppenbara honom för." Fadern behöver bli uppenbarad för oss av Jesus!

DET ÄR EN UPPENBARELSE

Fadern måste uppenbaras. Du kan inte bara lära känna Fadern för att du längtar efter det. Du kan inte bara lära känna Fadern för att du tillägnar dig något i Bibeln eller tror på vad den säger. Fadern måste bli uppenbarad för dig genom *uppenbarelse*, på samma sätt som Jesus uppenbarade sig för dig när du blev född på nytt.

Du blev inte född på nytt genom din egen kraft. Det var ingenting som du gjorde som fick dig att bli frälst. Du bara gensvarade på

Guds initiativ.

Din omvändelse och tro är inte i sig själva tillräckligt för dig för att bli född på nytt. När Gud ser att du i ditt hjärta omvänder dig helt och fullt låter han en andlig förvandling ske i din ande, vilket föder dig på nytt i ditt inre. Det är inte bara för att du tror på vad Bibeln säger och att du försöker göra vad som står i Bibeln. Du blir en ny skapelse genom en övernaturlig händelse. Något helt nytt har fötts i dig och du är inte längre densamma. Det är Guds verk i ditt hjärta. Frälsningen är egentligen en uppenbarelse om Jesus och den uppenbarelsen får du av Gud själv. Han visar oss Jesus.

På samma sätt är det med Andens dop; då uppenbaras den Helige Ande i din ande. Verkligheten av den Helige Ande, substansen av hans varelse, är manifesterad i ditt djupaste inre, i den du verkligen är i din ande, och plötsligt vet du att den Helige Ande är verklig. Vi kallar det för "dopet i den Helige Ande" eller "att bli fylld av Anden", men i verkligheten är det att din ande får en uppenbarelse om närvaron av den Helige Ande på insidan av dig. När det händer får du en uppenbarelse som leder till att du automatiskt tar emot och tar del av många andliga sanningar.

När du möter Jesus i frälsningen får du övernaturligt ta del av andliga sanningar som överförs till dig och du tvivlar inte på deras trovärdighet. Du *vet* att Jesus föddes av jungfru Maria. Hur vet du det? Genom *uppenbarelse* från Herren. Du vet att Jesus inte bara är *en* son till Gud. Han är *Guds Son* och du vet utan tvivel att det inte finns någon annan Son förutom Jesus. Du har mött honom i djupet av din ande och du vet utan tvekan att det är sant. Många martyrer dog en horribel död för att de inte kunde förneka uppenbarelsen och realiteten av Jesus.

I dopet i den Helige Ande kommer också *uppenbarelsen* att han ger mirakulös kraft. Simson välte ner pelarna i templet. Elia sprang förbi vagnar och hästar för att hinna tillbaka till staden. När Guds Ande kommer över en människa får de också kraft, därför att Guds Ande administrerar Guds kraft. Gudomen var personligen involverad i skapelsen av universum. Fadern initierade, han talade Ordet som är Jesus och den Helige Andes kraft skapade. Hela treenigheten arbetade tillsammans.

Om du inte är fylld med den Helige Ande kommer du att försöka bortförklara miraklerna och att de verkligen hände. När du är fylld med Anden blir allt annorlunda, då vet du med full visshet, därför att du har berört en högre verklighet och lärt känna Honom som har Guds kraft.

Uppenbarelsen om Fadern

Att känna Fadern är inte bara att hålla fast vid en viss teologi med utgångspunkt i Bibeln, utan att Fadern själv blir verklig för din ande och att hans kärlek börjar uppenbaras i dig. Jesus sa: "Ingen känner Fadern utom jag och dem som jag väljer att uppenbara honom för." Han talar om att *uppenbara* Gud, vår Far, för våra hjärtan.

När vi närmar oss detta rör vi oss in på hjärtats område, därför att *uppenbarelse* kommer till oss i våra hjärtan. Jag älskar detta, då det inte bara är till för de intellektuella och för dem med tillräckligt stark vilja att göra de saker som de borde göra. Faktum är att det mesta av det står i vägen.

Jag tror att Gud nu öser ut en uppenbarelse om sig själv som Far på ett sätt som aldrig tidigare setts i kyrkohistorien sedan apostlarnas tid. Hela poängen med vår kristna tro är att känna Fadern och att lära känna honom genom uppenbarelse. Jesus är vägen till Fadern. Uppenbarelsen om Fadern är målet.

KAPITEL 2

Hjärtats betydelse

~

Låt mig uppmuntra dig att låta Guds Ande ge näring till din ande när du läser denna bok. Min önskan är att Gud ska göra ett verk i ditt hjärta. Det är mitt hjärtas fokus när jag skriver. Gud kommer inte att re-indoktrinera ditt sinne. Det han gör är att han kommer och *förvandlar ditt hjärta*. Därför att när ditt hjärta blir förvandlat, blir du en annan människa. Utan att behöva göra något annat kommer du att agera annorlunda och vara en annorlunda människa. När hjärtat förvandlas kommer du *automatiskt* att agera annorlunda.

Jag är säker på att du har lagt märke till att Bibeln inte är skriven som en lärobok. Den har inte en lista av ämnen med stora bokstäver som listar olika teman i ordningsföljd. Den är medvetet skriven av Gud på ett sådant sätt att sanningarna måste upptäckas av den som har ögon att se och öron att höra. En gång hörde jag någon säga att Gud älskar att bli funnen! Som en far som leker "kurragömma" med sina barn har han planerat det så att bara de som vill komma och ta tid med honom och som hungrar efter honom, kommer att finna honom.

När vi läser Bibeln och söker honom av hela vårt hjärta, kommer han att visa oss stora och mäktiga saker som vi inte visste om. Det är när vi ropar till honom som han svarar! Hans sanningar är gömda för den som lättvindigt läser hans ord. Det är därför han inte gett sitt ord till oss som en lärobok som den tillfällige läsaren kan upptäcka. Hans sanningar är gömda djupt i ord som ser ut som alla andra.

Jag har upptäckt en maxi-sanning gömd i Ordspråksboken 4:23. Det står: *"Mer än allt som ska bevaras, bevara ditt hjärta, för därifrån utgår livet."* En annan översättning säger: *"Vakta ditt hjärta med all ihärdighet, för det är källan till liv".* Denna vers har fått ett huvudfokus i vår tjänst och jag tror att det är ett av de stora uttalanden i Skriften. Bibeln är full av dessa maxi-sanningar som "Gud är kärlek" eller "Gud är Ande". Dessa är essentiella saker - de är maxi-sanningar! Jag tror verkligen att denna vers i Ordspråksboken 4 är en av de maxi-sanningarna i kristenheten idag som de flesta kristna sorgligt nog inte har sett.

Du förstår, ditt hjärta är den viktigaste delen av dig, och allt du upplever i livet upplevs genom ditt hjärta. Det sätt du tolkar livet, hur du tolkar händelser och hur de berör dig, bestäms av ditt hjärtas tillstånd. Sanningen är att ditt sinne är ditt - dina känslor är dina - men ditt hjärta är *du!*

Jag illustrerar det så här. En person kan säga något till två människor samtidigt och ändå kan en av dem uppfatta det på ett sätt, medan den andre uppfattar det som något annat. Personen som talar använder samma ord, säger det samtidigt till två personer, och ändå kan det betyda olika saker för dessa personer. Varför? Det är på grund av att deras hjärtan betingats olika, och då får dessa ord olika innebörd för olika människor. Två människor kan uppleva samma blick från en person och tolka den helt olika.

Faktum är att man kan säga att vi alla bor i olika världar, därför att våra hjärtan har betingats att uppfatta livet olika. Till exempel, när en pojke som vuxit upp med en våldsam far hör ordet "far" så kommer hans hjärta att automatiskt stänga sig. Han kommer inte att lyssna till vad du säger. Men en pojke som haft en underbar far, när han hör ordet "far" kommer det att framkalla känslor av tröst och trygghet. Två helt olika världar!

Var och en av oss lever i olika världar helt enkelt på grund av att våra hjärtan har förvandlats och berörts av det som hänt oss i livet. Vår familjebakgrund, den del av världen vi har växt upp i, kulturella attityder, vår utbildning, vår intellektuella kapacitet, vårt fysiska tillstånd och våra olika relationer: allt detta påverkar hur vi nu upplever livet. Du kanske inte kan formulera vad du tänker, men du ser på livet genom ditt hjärtas tillstånd.

Hur våra hjärtan blir förvandlade

När vi blev kristna ville vi förvandlas till att bli mer lika Jesus. Guds sätt att göra detta är inte genom att utbilda ditt sinne eller att motivera dig att göra bättre val genom din mänskliga beslutsamhet, och ändå är detta ofta så som kristen mognad har blivit presenterad för oss.

"Om du vill förändras, måste du göra på följande vis: Du måste mogna. Du måste växa."

Den vanligaste uppfattningen om lärjungaskap som vi får höra idag låter ungefär så här:

"Du måste göra det här och det här" eller *"Du måste sluta med det där och det där"* eller *"Du behöver utveckla dessa vanor och ditt sätt att uppföra dig på för att förändras."*

Sanningen är att även om du lyckas tvinga dig till att göra en viss sak, så ändrar det inte ditt innersta jag, eftersom hjärtat formar dig till den du verkligen är! Den du är just nu, beror på hur ditt hjärta har påverkats av dina upplevelser i livet.

Det är därför Ordspråksboken 4:23 säger:

"Mer än allt som skall bevaras, bevara ditt hjärta, för därifrån utgår livet".

Den människa du är utgår ifrån ditt hjärtas tillstånd. Du kanske kan förändra ditt uppförande genom beslutsamhet och viljekraft, men jag kan berätta vad som kommer att ske. Du kan göra alla de rätta valen och göra allt på rätt sätt. Du kan till och med lära dig att le rätt sorts leende och uppföra dig som en god kristen. Men en dag händer något i din värld och plötsligt kommer ditt *sanna* jag fram, och du använder ord som du vet att du inte borde använda. Eller så faller du tillbaka till att tänka och behandla människor på ett sätt du vet är fel.

I ett ögonblick av extrem stress kommer det att komma ut genom din mun. Du säger kanske: "Jag är så ledsen, det var inte jag". Låt mig säga dig sanningen… *det är verkligen du.* Därför att när pressen kommer, då kommer det som finns i ditt hjärta ut genom din mun och genom det sätt du säger det. När allt är trevligt och tryggt kan du tala utifrån ditt sinne och veta vad som är rätt sak att säga. Men när trycket ökar kommer du att tala och agera utifrån ditt hjärtas sanna tillstånd. Att förändra sitt sätt att agera kommer inte att förändra vem du verkligen är i ditt sanna jag. En verklig och varaktig förändring får du bara genom ett förvandlat hjärta.

Tack och lov är Gud å färde med att förvandla hjärtan. Jag älskar detta uttalande, det är en sådan underbar sanning: *"När Gud förvandlar ditt hjärta, så kommer den delen av ditt hjärta automatiskt uppfylla allt som Gud ber dig om. Du kommer automatiskt bli vad en kristen borde vara utan att behöva tänka på det, för det kommer ut ur ditt hjärta."*

I Fatherheart Ministries Norge, har vi ett underbart par som heter Olav och Unni. De blev frälsta på 1970-talet och effekten det hade i deras stad i Norge var anmärkningsvärd. En tredjedel av de unga människorna i staden blev kristna. Vi mötte dem första gången för cirka tio år sedan när vi tjänade i deras församling, och Faderns kärlek rörde dem djupt. Allt av Olavs prestationssträvande, som att vara "den gode kristne mannen", "den duktige pastorn", upphörde när han upplevde Faderns kärlek och kom in i vilan. Faderns kärlek har förvandlat deras liv.

Olav och Unni har ett stor arbete i Kenya. En kväll när de gick hem efter ett möte i Nairobi, kom nio unga män och överföll dem, misshandlade dem och stal allt de hade. De lämnades liggande på en smutsig väg i Nairobis slum. När de återfick medvetandet, blev Unni överlycklig över att hon fortfarande hade sin vigselring, men allt annat var borta. De klarade att krypa fram till varandra och började be för dem som hade attackerat dem. Då blev de fyllda av kärlek till dem som hade misshandlat dem! Detta förbluffade dem. Kärleken bara flödade ut ur dem. De kunde inte tänka något annat än: "Dessa underbara unga män, må Gud hjälpa och älska dem. De är sådana underbara unga män. Gud välsigne dem!" All denna kärlek kom ut ur deras hjärtan. Denna upplevelse övertygade dem om att Faderns kärlek är en konkret verklighet, eftersom kärleken flödade ut ur deras hjärtan utan någon ansträngning. De behövde inte förlåta dem som hade attackerat dem, för de hade insett att de ägde något mycket större. De ägde en djup kärlek för sina fiender.

Det är så ett sant kristet hjärta ska vara! Inte att "Jag måste förlåta dem" eller "Jag vet att jag borde förlåta dem". För Olav och Unni var det ett överväldigande uttryck av det som redan fanns i deras hjärtan.

De behövde inte undra vad som var rätt att göra i denna situation. Samma hjärta som Jesus skulle ha visat fanns automatiskt i dem!

När Gud förvandlar ditt hjärta, kommer du automatiskt att förändras.

Det kristna livet handlar inte om att lära sig hur man ska agera och sedan försöka utföra det genom mänsklig kraft. Jag tror så klart att vi ska stå emot synd med all vår beslutsamhet, men att sluta synda är inte detsamma som att vara lik Kristus. Vi måste inse att det bara är Gud som kan förvandla våra hjärtan till att bli lika Kristus. När han förvandlar dig, kommer du automatiskt att förändras utan att du tänker på det.

Vi behöver förstå att den som är kristen får styrka inifrån. När du lever ett sådant kristet liv, kommer det att förändra dig till att bli allt en kristen kan och borde vara. Men det är inte du som gör det genom dina ansträngningar, din självkontroll eller din disciplin. Om du utvecklar det som ser ut som ett kristet liv genom dina egna ansträngningar, då kommer *du* att ta äran för det. Det är bara när *Gud själv* har förvandlat dig som du ger honom all ära. Gud arbetar i våra hjärtan för att förvandla oss, och då kommer alla våra beteenden och sätt att tänka, automatiskt förvandlas till att bli lik honom som förvandlat oss.

ÄRRVÄVNAD

Om du har blivit djupt sårad i ditt liv, finns det ett sår i ditt hjärta och det kommer att förbli där ända tills Gud helar det. Så länge såret finns där, kommer den delen av dig fortsätta att vara förvriden och kommer inte att kunna fungera som den var menad att göra.

När jag var nio år gammal, föll jag av min cykel och fick ett ärr över knäet där det rostiga styret skar in i min hud. Jag grät och grät. När jag kom hem upptäckte jag ett stort sår på knäet. Medan min mor tvättade rent det, tittade min far på det och sa: "Du kommer att ha det ärret resten av livet." Ärret finns fortfarande kvar, men är väldigt litet. Vet du varför? Mitt knä växte! Men ärret har kvar samma storlek på grund av att ärrvävnad inte växer. När ditt hjärta är ärrat, växer inte den delen av dig, utan den förblir som ett barns. Det är därför så många av oss kan ha barnsliga reaktioner som vi skäms över. Vi bestämmer oss för att reagera annorlunda nästa gång, men reagerar ständigt på samma sätt! Gud håller på att hela ärrvävnaden i ditt hjärta. När han helar ett ärr i ditt hjärta, växer den delen och mognar. Det tar inte lång tid för den att växa. Vi är tacksamma att Gud helar oss snabbt!

När ditt hjärta blivit försummat, eller inte fått den omsorg det behöver, eller när det blivit sårat och brutet, kommer den delen av ditt hjärta fortsätta vara ärrat tills Gud helar det. Gud önskar att läka våra hjärtan och han gör det genom att fylla det med sin tröstande kärlek.

Ditt hjärta är du

När du blir sårad i ditt hjärta, blir den djupaste delen av dig sårad. Varför? Därför att ditt hjärta är inte *ditt*. Ditt hjärta är *du*. Din förmåga att göra val är en förmåga du har därför att din vilja är din. Du kan bestämma över din vilja hur du vill. Du är inte ditt sinne eftersom du kan ändra dig. Du kan bestämma dig att tänka annorlunda, därför att det du tänker inte är du eftersom du har kontroll över dina tankar. Du kan fostra ditt sinne på olika sätt. Du kan veta att något är fel, men bestämma dig för att tro något annat. Du kan styra ditt sinne. Ditt sinne är inte du, det tillhör dig.

Det är samma sak med dina känslor. Dina känslor tillhör dig, men de är inte *du*. Många människor fångas av tanken att deras känslor är de de verkligen är. När de känner sig ledsna, är hela världen ledsen. Om de känner sig glada, är livet underbart. Om de känner sig deprimerade, ser de världen som en deprimerande plats. Dina känslor är dina men de är inte den du verkligen är. Bara för att du känner dig på ett speciellt sätt, innebär det inte att det är sant.

Ditt sinne är ditt, din vilja är din, dina känslor är dina. *Ditt hjärta är DU.*

HELANDE KÄRLEK

När Gud förvandlar ditt hjärta, börjar du älska det Gud älskar. Du börjar känna som Gud känner. Du börjar tänka som Gud tänker. Du börjar göra vad Gud gör - automatiskt! Så denna bok handlar därför inte om att fostra sig själv, men om att låta honom komma in i ditt hjärta för att läka det och ösa in sin kärlek i det, för att förvandla ditt hjärta till att bli likt hans.

De underbara nyheterna är att när kärleken kommer in, blir allt utbytt som *bristen på* kärlek orsakat. Ibland använder jag ordet "icke-kärlek," vilket kanske inte är ett riktigt ord men som beskriver verkligheten bra. Det är så många saker i denna värld som vi upplevt som har varit motsatsen till kärlek. Du kan ha haft många traumatiska erfarenheter på grund av "icke-kärlek", som skapat tomrum i djupet av ditt liv. Varje gång du upplever att inte vara älskad, är det som en explosion i de djupaste delarna av dig. När Gud utgjuter sin kärlek in i den grunden fylls automatiskt tomrummen först. Hans kärlek rinner ner i tomrummen och in i ditt livs trauman och ett helande börjar.

Ändå är det många av oss som fortfarande inte förstår detta. I det själavårdsarbete vi tidigare var involverade i, var vi framförallt fokuserade på att diagnostisera såren och traumat hos de människor vi betjänade. Vi gjorde det genom att försöka identifiera olika händelser i deras liv som gett dem sår. Därefter bad vi in i dessa områden för att Gud skulle hela dem. Gud svarade på våra böner och kom för att utgjuta sin helande kärlek. Det hade framgång, men det jag nu har upptäckt är, att om du kan öppna ditt hjärta och bara tillåta Faderns kärlek att komma in, kommer den att fylla *alla* tomrum! Du behöver inte identifiera dem. Faderns kärlek bara strömmar in automatiskt! Om vi kan hitta nyckeln till att hjälpa var och en av oss att öppna våra hjärtan och låta Faderns kärlek komma in, och låta kärleken flöda kontinuerligt, kommer vi att bli helade vare sig vi gillar det eller ej!

Du förstår, Faderns kärlek flödar in i våra hjärtan och det är platsen där du möter honom. En gång trodde jag att det inte fanns något annat i vår tjänst än detta. Vi brukade tro att budskapet om Faderns kärlek var något som helade människor på det känslomässiga planet, men jag har upptäckt att hjärtats helande bara är ingångsporten till att lära känna Fadern. När hans kärlek först kommer in helar den våra hjärtan. Om vi håller våra hjärtan öppna kan vi bli söner och döttrar i relation med Fadern, och då kommer vi att lära känna och erfara hans kärlek mer och mer.

Nyckeln är verkligen att öppna våra hjärtan. Jag vet inte hur jag öppnar mitt hjärta. Jag förstår inte hur det sker, jag önskar jag visste. Men det jag *kan* göra är att lägga mig ner inför Gud och säga: "Gud, vadhelst du vill göra är ok för mig. Oavsett hur ont det kommer att göra, gör det ändå. Far, jag litar på att du är en god Gud och att du inte vill skada mig. Jag kan överlämna mig till dig. Jag kan lita på dig för du är god!"

Många av oss har anledningar till varför vi inte kan lita på vissa människor i våra liv. Men det finns aldrig någon anledning att inte lita på Gud. En del människor säger: "Gud tillät detta att hända i mitt liv." Gud har aldrig gjort något fel gentemot dig, eller mot andra - någonsin! Han kan bara vara god! Han kan inte synda. Därför finns det aldrig någon anledning till att hålla något emot Gud, eller förlåta honom för något som vi kan känna att han gjort mot oss. Vi kan tro att han har gjort något fel, men det har han inte. Även om vi inte alltid förstår vad som sker i våra liv, så är sanningen den att Gud är god och bara god.

När du läser denna bok, inbjuder jag dig till att överlåta ditt hjärta till honom, så mycket som du kan. Du kan säga: "Far, här är jag, gör vadhelst du vill." Kanske läser du detta med din egen förväntan, men jag vill hellre att Guds förväntan uppfylls istället för min. Du kan säga: "Far, här är jag. Jag är öppen för vad *du* önskar göra för mig, inte att mina förväntningar infrias." Han är bara god. Vi kan lita på honom.

KAPITEL 3

Förlåtelse från hjärtat

~

När Jesus dog på korset sa han: "Det är fullbordat!" Allt Gud kan göra för oss är redan gjort. Allt Gud har i sitt hjärta för oss, har han redan försett oss med. Vi börjar nu förstå vad han har gjort. Vad Jesus gjorde på korset, börjar nu bli en verklighet för oss. Att mogna som kristen handlar om att du och jag går in i verkligheten av vad han redan har gjort. Gud behöver inte göra något mer. Kristus har gjort allt för oss. Varför kan vi inte då gå fullt in i detta? I de följande två kapitlen vill jag utröna svaren till denna fråga.

HAN ÄLSKAR OSS REDAN

I hela denna uppenbarelse av Faderns kärlek, handlar det inte om att vi ska försöka få honom att utgjuta sin kärlek i våra hjärtan. Hans kärlek strömmar ned över oss i varje stund. Frågan är:

"Varför upplever jag det inte mer? Varför är det inte verkligt för mig?"

Problemet är att vi har inre blockeringar som hindrar den verkligheten att prägla våra liv. När vi blir av med blockeringarna, får vi uppleva att hans kärlek för oss blir mer och mer verklig. Signaturmelodin i den walesiska väckelsen var en vacker psalm: "Här är kärlek stor som havet, Hans kärleksfulla godhet som en mäktig flod." Guds kärlek är som havet och jag vet hur stort det är. Det tar nästan tolv timmar att flyga från Nya Zealand till Los Angeles och det finns egentligen inget däremellan utom hav. Vi har bara börjat doppa våra tår i Faderns oändliga hav av kärlek.

När vi kommer in i en kontinuerlig erfarenhet av att han älskar oss, förändras vår personlighet. Det förändrar våra liv och förvandlar oss till att bli mer lika Jesus. *Kärleken själv förvandlar oss.* Nyckeln till andlig mognad är att bli av med allt det som hindrar oss från att erfara verkligheten av hans kärlek. Det är den enklaste men samtidigt den djupaste sanning.

Sann kristendom drivs av inre kraft

En sann kristen människa *hämtar kraft åt sig själv* från insidan. Om du lever som en äkta kristen, kommer det att prägla hela ditt liv och förvandla dig till att bli allt vad Jesus är. Du behöver inte *göra något* för att det ska ske. Om du inte förvandlas till Jesu avbild, är sanningen den att du inte fått erfara vad det egentligen innebär att vara en kristen. Kärnan i kristendomen är att Jesus dog på korset för att försona oss med Gud, så att vi kan komma in i en relation med Fadern och leva i hans kontinuerliga kärlek. Kristen tro är så mycket större än den teoretiska kunskapen om att Gud älskar dig. Det är den *faktiska* upplevelsen av att vara älskad av honom varje minut, varje dag. Skillnaden mellan dessa två verkligheter är enorm. Även djävulen vet att Gud älskar dig. Det är inte tro, utan bara korrekt lära. Tro är att *erfara* att Gud älskar dig. Om du inte upplever det, beror det på att det finns hinder i ditt hjärta. När blockeringarna är borta är himlen öppen.

Sann kristen tro kan liknas vid en person som har ärvt en förmögenhet av en släkting som dött men inte vet om det. För några år sedan stod det i Nya Zeeländska tidningar om en man som ärvt en stor summa pengar av en avlägsen släkting i Sydamerika som han aldrig ens hade hört talas om. Det tog boupptecknare flera år att fastställa att han var den ende levande släktingen och sedan att hitta honom. Han hade ärvt en otrolig summa: tretton miljarder dollar.

Tänk dig scenariot: En dag ringer en advokat på telefonen och kallar honom till ett möte. Han går dit och får veta att hela denna förmögenhet tillhör honom nu. Vilken chock! Vad tror du han gjorde dagen efter? Detta skulle förändra hans liv dramatiskt och permanent. Du kan sitta i timmar och fantisera om vad han skulle ha gjort och hur hans liv skulle ha förändrats.

Kära läsare, sanningen är att detta är exakt vad kristen tro handlar om. Genom Jesu död och uppståndelse har vi fått ett ofantligt arv. Så många av oss har förstått väldigt lite av vad det innebär, men vi lär oss. Vi börjar upptäcka vad det verkligen innebär att vara frälst. Det är så mycket mer än bara en biljett till himlen, att leva ett gott liv, vara trevlig mot grannarna, att vara en bra arbetsgivare eller anställd, att regelbundet gå i kyrkan eller till och med ha en tjänst i församlingen. Många tror att detta är summan av vad det innebär att vara kristen! Låt mig tala om för dig: kristet liv är mycket större än så!

Att vara kristen handlar om att du och jag blir lika Jesus! Det är syftet: att leva ett liv som överensstämmer med det liv Jesus lever i all evighet. Det är så mycket större än vi kan tänka oss! Det kristna livet är enormt stort och vi har ärvt alltsammans. En person som varit kristen i fem minuter har ärvt lika mycket som den som varit en kristen i åttiofem år. Den som varit kristen en längre tid kanske förstår mer om vad arvet är, men vi äger faktiskt detsamma.

Einstein sa en gång: "Du vet faktiskt inte det du inte kan förklara för din farmor." Jag gillar verkligen det uttalandet, därför att när du faktiskt förstår något blir det lätt. Det jag talar om är inte komplicerat. Fadern älskar oss och det förvandlar vem vi är. När vi lär känna den kärleken, upplever den kärleken, och vandrar i den kärleken, förvandlas vi till Herrens avbild. Jag vill därför berätta om de saker som varit blockeringar i mitt liv och peka på den väg som Herren har tagit mig för att komma vidare.

Ett obekvämt mirakel

Vi träffade Jack Winter på Nya Zeeland 1976 och han bjöd då in oss att komma till USA och bli en del av Daystar Ministries. Vi reste dit i september 1978. Vi flög till ett kvävande varmt Los Angeles och sedan vidare till Indianapolis. Vi reste på enkel biljett, vilket jag upplevde som ett fantastiskt Guds mirakel, därför det krävs att du måste kunna visa upp en returbiljett för att komma till USA som besökare. Dorothy Winter hämtade oss på flygplatsen och vi kördes till centret i Martinsville, Indiana. Det var där vi först började höra talas om Faderns kärlek.

Men jag hade ett stort problem. Jag kände mig verkligen inte kallad till en tjänst där allt handlade om kärlek. Jag var en gudsman, inte en fjant för Gud. Det här "kärlekspratet" var definitivt inte min grej. För mig handlade det om att vara en "skarp skördetröska" med ord som skar genom ondskans krafter och tvingade demonerna på knä. När jag kom till Jack Winters center tillsammans med Denise och våra tre barn, blev jag bestört när jag upptäckte att allt handlade om det här "kärlekspratet." Jag blev rädd att jag hade begått ett fruktansvärt misstag, och vi kunde ju inte resa hem för vi hade inga returbiljetter! Men Herren hade en plan mitt i obehaget.

Så vi var fast där. Efter ett tag började jag fundera på vad jag kunde göra för att tiden skulle bli mer givande. En dag talade jag med en av deras förbedjare och när jag såg in i hennes ögon kunde jag se att hon verkligen visste vad det innebar att be. Jag tänkte: "Jag vet inte alls hur jag ska be, men det vet uppenbarligen hon." Där och då bestämde jag mig för att jag skulle försöka lära mig det.

Att lära sig be som en riktig man

Jag blev väldigt motiverad av en historia i Apostlagärningarna när Petrus var uppe på ett tak. Det står att medan han bad, blev han hungrig. Jag tänkte: "Hur lång tid tar det för en man att bli hungrig?" Det måste åtminstone ta några timmar. Jag relaterade till Petrus för han ju var en fysiskt hårt arbetande man. En man med valkar i händerna och med ett väderbitet ansikte. En utomhusmänniska som jag. Den typen av man, som när saker går fel, självmedicinerar genom hårt arbete. Han fiskade efter att Jesus hade dött. Han kröp inte under sängen för att sörja eller stängde in sig själv och läste dikter. Jag älskar dikter och har själv skrivit några, men det var arbetsmänniskan Petrus som jag identifierade mig med. Mina händer hade också valkar. Jag hade tillbringat en stor del av mitt liv i bergen som professionell jägare och hade senare arbetat som byggare när Denise och jag hade gift oss.

Därför kunde jag identifiera mig med Petrus, denna ruffiga och tuffa man. Även en utemänniska, en aktiv och hårt arbetande person som honom, hade lärt sig att ha uthållighet i sitt böneliv. Ibland tror vi att det är lättare för en introvert eller akademisk typ att kunna be länge, men här var det Petrus som bad tills han blev hungrig. Detta blev en stor utmaning för mig.

En annan biblisk karaktär som utmanade mig var Elia, som också uppenbarligen var en tuff typ av man. Det står att "hans panna var som flinta". Det krävs en särskild sorts person för att kunna göra de saker han gjorde. Om Elia kom in i rummet skulle vi troligen skrämmas av hans blick. Det som slog mig var att det stod att han satt på ett berg (2:a Kungaboken 1:9). För mig indikerar detta att han hade ett böneliv. Han hade lärt sig att bara sitta tillsammans med Gud.

Det utmanade mig att jag inte kunde be under en längre tid, så jag ville lära mig att be. Mitt mål var att bli mer lik dessa inspirerande personer som jag hade läst om. I källarvåningen i huset vi bodde, fanns ett vackert litet kapell som var helt dekorerat i grönt. Jag tänkte att jag skulle tillbringa lite tid där varje lördagmorgon när ingen annan var där. Jag planerade att stänga dörren, stanna där och be så länge jag kunde.

När nästa lördag närmade sig, tänkte jag ut listor med böneämnen. Allt som på något sätt kunde beskrivas som bön skulle bes ut för att det skulle ta längre tid. Jag tänkte att om mina tankar vandrade på villovägar, skulle jag inte fördöma mig själv utan bara börja om. Jag hade frid för att inte be om förlåtelse för min mänskliga svaghet, utan bara be mig igenom listan med böneämnen. Nästa lördag morgon stängde jag in mig i kapellet och bad för allt jag kunde komma på.

Jag bad i tungor, jag bad på engelska, jag bad sjungande. Jag bad liggande på magen, jag bad liggande på rygg, jag bad medan jag gick runt i rummet. Jag bad så länge jag kunde och så långsamt det bara gick, för att dra ut på det. Jag hade Bibeln med mig, men jag var där för att be, inte för att läsa Bibeln. Efter vad som kändes som en evighet, började väggarna tränga sig på. Jag var uttråkad och började bli klaustrofobisk. Jag sprang till dörren och ut i korridoren. Jag tittade på klockan och den var 06:20. Jag hade börjat be klockan 06:00.

Nu är jag inte en person som ger upp lätt. Detta var hur jag upplevde det att lära mig be. Resten av veckan tänkte jag på fler saker att be för. Jag skulle komma tillbaka nästa lördag igen eftersom jag hade bestämt mig för det. Nästa lördag gick jag igenom samma procedur och bad för allt jag kunde komma på så långsamt som möjligt. Jag bad i tungor och på engelska, sjungande, stående, sittande, liggande och springande - varje tänkbar variation av olika metoder av bön. Till slut klarade jag inte mer den morgonen utan gick ut genom dörren och…. jag hade varit där i tjugofem minuter. Jag tänkte att det gick framåt, men insåg att det skulle ta lång tid innan jag kunde sitta på berget i dagar som Elia hade gjort! Jag hade verkligen inte blivit hungrig som Petrus!

Jag fortsatte gå till kapellet varje lördagmorgon. Det var hårt arbete men jag var ihärdig därför jag tänkte, att om andra människor kan göra det, kan jag också. Jag ville vara en gudsman och jag skulle göra vad helst jag behövde för att bli en gudsman.

Så en dag hände något. Plötsligt när jag bad kom Guds närvaro in i rummet. Jag hade känt hans närvaro många, många gånger tidigare, men aldrig på den här nivån när jag var helt ensam. Jag hade upplevt Guds närvaro väldigt starkt tillsammans med andra på möten, men aldrig när jag var ensam. Detta var fantastiskt! När hans närvaro kom var min omedelbara tanke att inte göra något som skulle få närvaron att lämna rummet. Jag hade Bibeln i handen men jag var tveksam om jag skulle öppna den. Jag frågade ingenting som kunde uppfattas som självcentrerat eller att ha ett felaktigt motiv. Jag bara stod där inför honom och gjorde bara det som kändes helt bekvämt i hans närvaro. Efter ett tag var hans närvaro borta, den upplöstes som dimman på en bergssida. Jag insåg plötsligt att jag var ensam. Han var borta. Jag tittade på klockan. Det hade gått över en timme men det kändes som fem minuter. Jag insåg det inte då, men jag höll på att lära mig hemligheten med det kristna livet, inte bara med bön.

Livet som kristen handlar egentligen om en enda sak. Det är att finna hans närvaro och förbli i den, att lära dig leva med en konstant medvetenhet om Guds närvaro inom dig. Efter den dagen sökte jag hans närvaro varje gång jag gick till kapellet. Ibland kom den, ibland inte, men den kom mer och mer regelbundet. Jag höll på att lära mig hur jag skulle söka hans närvaro.

Så en dag när jag bad hände något som förändrade allt. Det blev den sista gången jag gick dit. Hans närvaro kom och jag var tillsammans med honom. Nu hade min tid i bönen ökat till tre eller fyra timmar. Jag gick runt i kapellet med Bibeln uppslagen i mina händer. När jag kom till väggen och vände runt, talade plötsligt Herren till mig.

Det ögonblicket har haft en avgörande betydelse för den jag är idag. Mer än det, den stunden har påverkat tusentals liv utan att jag förstod det då. Han talade till mig på ett oerhört utmanande sätt. Han ställde en fråga som skakade mig i grunden. Frågan innehöll fem ord men det fanns så mycket inbäddat i dem. Kom ihåg att jag kämpade med alla frågorna om Faderns kärlek. Han talade med en perfekt tydlighet. Hans närvaro blev, vad jag bara kan beskriva som, högst avsiktlig. Plötsligt stod jag i strålkastarljuset. Det kändes som om han iakttog mig noga för att se hur jag skulle svara på hans fråga.

På något sätt visste jag att han kunde se vad jag tänkte och kände. Varje tanke jag hade låg fullständigt blottad inför hans blick. Jag var rädd när jag granskades av Herren. Det kändes som en strålkastare kombinerad med en röntgenstråle. Hebreerbrevet 4:13 säger: *"Inget skapat är dolt för honom, utan allt ligger naket och blottat inför hans ögon."* Det som skrämde mig var att jag blev medveten om verkligheten av detta. Jag var blottad under hans ihållande blick. Jag stod där och försökte komma på hur jag skulle svara på frågan. Den var enkel att förstå, men svår att ta itu med.

Han sa helt enkelt till mig: *"James, vems son är du?"*

Om han hade ställt en något annorlunda fråga, eller om han sagt det lite annorlunda, kunde jag lätt ha besvarat den. Om han sagt till mig: "James, vem är din far"? kunde jag svarat: "Bruce Jordan är min far." Det finns inget tvivel om detta. Bruce Jordan *är* min far och jag kunde enkelt ha svarat: "Det är Bruce. Bruce Jordan är min far!" Men han frågade mig inte vem min far var. Han frågade mig *vems son* jag var. Och jag förstod när han ställde frågan, att jag för länge, länge sedan *hade slutat* vara en son till min far.

JAG STÄNGER MITT HJÄRTA FÖR MIN PAPPA

Jag kommer tydligt ihåg när jag var ca tio år gammal och satt i en frisörstol och blev klippt. Jag satt med armarna vilandes på den gamla läderklädda stolens karmar. Alla i vår by hade minst ett gevär för jakt och för att kunna vara med på de regelbundna skyttetävlingarna. Barberaren var den mest ryktbare jägaren i trakten. Han gick upp i bergen med enbart sitt gevär och en filt att sova på, en påse mjöl, lite ris och lite salt till maten. Sedan var han borta flera veckor. Men min mor var den bästa skytten i byn. Hon var en riktig "Annie Oakley." Hon gick ut för att skjuta kaniner och kom tillbaka med mellan sextio och nittio kaniner på en eftermiddag, och alla hade skjutits i huvudet. Jag har fortfarande kvar hennes gevär.

Medan han klippte mitt hår, kom en annan man in och pratade med honom. "Hur gick din sista jakt på hjort?" frågade barberaren. Då sa mannen något som förändrade mitt liv. Han kommenterade att hans senaste jakt inte varit lyckosam, därför att statens hjortjägare hade varit där och tunnat ut hjortbeståndet. Dessa jägare fick betalt av staten för att bo i bergen och skjuta hjortar. Det var allt de gjorde, de bodde i kojor och sov under klippor. När jag hörde detta insåg jag att dessa jägare var bättre jägare än stans bästa, eftersom de skjutit av alla hjortarna och inte lämnat några kvar till de andra jägarna. Från det ögonblicket var allt jag önskade att få leva ensam i bergen och skjuta hjort för staten.

Jag älskar bergen, men det som verkligen lockade var känslan av frihet från relationer som denna livsstil medförde. Jag hade upptäckt att människor kunde såra mig och jag tänkte att om jag kunde leva utan människor, kunde jag leva utan smärta. Den som sårade mig mest var min far. När jag hörde om statens hjortjägare, gav jag egentligen upp all tanke på att satsa på skolan. Varje gång jag fick betyg sa mina lärare till mina föräldrar: "James har den största förutsättningen i klassen, men han använder den inte." Jag klarade mig igenom alla prov utan att jag behövde vara närvarande i skolan särskilt mycket. Jag tillbringade istället så mycket tid som möjligt utanför skolan. Jag bara väntade in tiden tills jag skulle bli arton år och tillräckligt gammal för att bli en hjortjägare. Faktum var att de lät mig börja när jag var sjutton. Jag hade blivit så sårad av min far att jag hade stängt mitt hjärta för honom innan jag var tio år gammal, och från den tiden hade jag inte varit en son till honom.

Nu när Herren ställde frågan: "James, vems son är du?" visste jag omedelbart att han frågade efter ett namn. Frågan var extremt specifik. "James, *vems son är du? Ge mig ett namn!*"

Det första jag tänkte på att säga var: "Jag är Bruce Jordans son", men jag insåg omedelbart att jag inte kunde säga det eftersom han iakttog mitt hjärta och visste att jag inte hade varit en son till min far.

Frågan rörde vid något som låg djupt inuti mig. Under de senaste månaderna hade jag läst Johannesevangeliet och blivit berörd av vad Jesus sa om sin relation med sin Far. Jag hade strukit under varje uttalande han hade gjort. Uttalanden som *"Jag fröjdar mig över att göra din vilja"* eller *"Jag har mat att äta som ni inte känner till, min mat är att göra min Fars vilja och att fullborda hans verk."* Jag insåg plötsligt att för Jesus var det så tillfredsställande att göra Faderns vilja att han ibland inte kände fysisk hunger. När jag såg på min egen relation med min far, insåg jag att den var helt annorlunda. Jag förstod att det

Herren verkligen sa till mig var: "James, till vem har du varit en son, såsom Jesus var en son till mig?" Det var vad han verkligen frågade.

Herren satte sitt finger på ett stort problem i förberedelsen för att mitt hjärta skulle ta emot Faderns kärlek. Min attityd till min jordiske far var ett massivt hinder i mitt hjärta för att ta emot Gud som far.

Min pappa

Ett av mina bestående minnen av min pappa var att han hade en stor benägenhet att gräla, speciellt när han var full, och det var han ofta. Oavsett vad någon sa, tog han den motsatta sidan bara för att provocera och gräla. När jag var liten pojke förstod jag inte att min far hade problem som han satt fast i. Jag trodde bara att han hatade mig. Han brukade provocera mig så långt att jag tappade kontrollen över min kropp och gick bärsärkagång av ilska och frustration. Det enda jag hörde honom säga, när han provocerade fram ett gräl, var att jag var dum. *"Det är något fel med din hjärna. Du är en idiot. Du är inte tillräckligt bra. Jag gillar dig inte. Du är tokig. Du kan inte tänka klart. Det är något fel på dig!"* Sedan dess har jag lärt mig något om gräl. När någon grälar om en sak, har det inget med den saken att göra. Det är bara ett redskap som en grälsjuk människa använder för att få övertaget. Ett gräl är egentligen en maktkamp.

Utan tvekan hade min far problem. Det hade jag också, men jag var bara en liten pojke. När han använde hela sin vuxna röstvolym, sin vuxna hjärna och hela kraften av sin personlighet mot mig, hände det att jag faktisk sparkade loss skåpdörrar från sina fästen. Jag såg nästan bokstavligen rött, slängde igen ytterdörren och sprang upp till kullen bakom huset, rasandes och gråtandes tills mitt hjärta lugnade sig. Jag gick tillbaka när alla ljusen var släckta, klättrade in genom mitt sovrumsfönster och gick och la mig. Ingen kom för att kolla om jag hade kommit tillbaka eller inte. Spänningen låg kvar i huset i flera dagar. Sakta skingrades den tills nästa gräl utbröt. Att växa upp så, fick mig att stänga mitt hjärta för min far.

Att förlåta från din vilja

Kort efter det att jag hade blivit kristen kom en man och predikade i vår kyrka. Budskapet han predikade var i stort sett detta: *"Du måste förlåta andra som syndat mot dig. Om du inte förlåter kommer Gud inte att förlåta dig."* Jag förstod vad han sa. Jag hade läst dessa verser många gånger, men jag tolkade det som något gällande evigheten: om du inte förlät, kunde du förlora din frälsning. Jag kunde egentligen inte se något annat alternativ till vad versen skulle betyda.

Om det finns ett ämne som jag brinner för, är det detta! Jag tror att många, många kristna över hela världen har blivit lurade angående vad *förlåtelse* faktiskt är. Många kristna tror att de har förlåtit någon, när de i sitt hjärta egentligen inte har gjort det. De tror att de har tagit itu med problemet, därför att de har förlåtit på det sätt som de har fått lära sig. När jag lyssnade på denne predikant, kände jag en enorm press att förlåta min far, annars skulle jag förlora min frälsning. Jag var fångad! Jag ville lämna rummet men kunde inte. Jag tänkte att om jag lämnade rummet skulle jag vandra iväg från mitt kristna liv. Så jag stannade och trycket blev värre och värre.

Den bistra verkligheten var att jag *inte ville* förlåta min far. Det fanns inget i mig som hade den minsta lust att förlåta honom. Men predikanten var obeveklig att jag var tvungen.

Det handlar inte om viljan

Till slut, i slutet av mötet sa han: "Är det någon som behöver förlåta någon, så kom fram nu." Så jag gick fram, kämpandes med mig själv på insidan, och en av äldstebröderna kom och ställde sig bredvid mig.

Till slut, efter en lång stund utan att jag hade kunnat uttala orden för att förlåta min pappa, sa han till mig: "James, använd din vilja."

När han sa detta, såg jag att det var nyckeln för mig att kunna komma ut ur rummet, för jag visste ju hur jag kunde använda min vilja. Det hade hänt att jag varit i bergen när oväder drog in, när älvarna svämmade över och jag var genomvåt och kall. I den situationen måste du hitta en koja innan natten, annars kommer du troligen inte att överleva. Så då tvingar du dig själv, tar dig igenom regnet och vinden tills du kommer fram till kojan. Den typen av situationer var mycket verkliga för mig, så jag visste vad det innebar att använda min vilja. När denne äldstebroder sa detta, stängde jag av känslorna, tog ett viljebeslut och sa: "Jag förlåter min far i Jesu namn." Jag var så lättad! Tårarna slutade rinna. Jag var glad och jag kände att min eviga frälsning var tryggad.

Den dagen i kapellet då Herren frågade mig vems son jag var, insåg jag att jag fortfarande hade stora problem i mitt hjärta i förhållandet till min far. Jag hade inte varit en son till honom. Jag hade inte relaterat till honom. Jag *ville* inte ens relatera till honom. Grälen mellan honom och mig fortsatte med jämna mellanrum. Jag förstod inte förrän den dagen, att den förlåtelse jag uttalat tidigare inte var något annat än en fernissa.

Många människor har blivit förledda att tro att förlåtelse är ett val. Det kan börja med ett val, men det är inte vad förlåtelse verkligen är. Att uttala orden "Jag förlåter dig" genom en viljehandling, är inte detsamma som att genuint förlåta.

Låt mig pausa min historia om vad som hände i kapellet tills nästa kapitel och komma in i själva kärnan av vad jag vill kommunicera i detta kapitel.

Att förlåta med vilja kontra att förlåta med hjärtat

Många människor tror att de har förlåtit bara genom att de gjort ett val. De har använt sin vilja och de har uttalat förlåtelsens ord.

Ordet "förlåtelse" har blivit en sådan kliché, att de flesta kristna bekymmerslöst antar att de vet vad förlåtelse är. Vad jag önskar förmedla genom det jag skriver här är helt annorlunda. Faktum är att jag aldrig hört någon annan predikant säga vad jag nu ska säga.

Följ med mig till kapitel 18 i Matteusevangeliet. Den första delen av historien börjar i vers 21, när Petrus kommer och ställer en fråga till Jesus om förlåtelse. Det står: *"Herre, hur många gånger ska min broder kunna synda mot mig och få min förlåtelse? Upp till sju gånger?"*

Det var Petrus fråga. Han sa egentligen: "Herre, hur långt sträcker sig förlåtelsen egentligen? Hur många gånger måste jag göra det?"

Jag fångar upp en viss motvilja hos Petrus på grund av det sätt han ställer frågan. Troligen hade Petrus bevittnat den nåd och barmhärtighet som fanns hos Jesus gentemot kvinnan som blivit påkommen med äktenskapsbrott och många andra händelser som skett. När mannen firades ner genom taket för att bli helad, var Jesu första ord till honom *"Son, dina synder är förlåtna,"* och mannen hade inte ens bett om förlåtelse! Petrus hade bevittnat när Jesus förlät synder och skänkte ut barmhärtighet på ett fritt och generöst sätt. Han hade iakttagit detta under en längre period och tänkt: "Jesus, hur långt sträcker sig detta? Hur kan du förena detta med vad lagen föreskriver?" När Petrus ställde denna otroliga fråga, exponerades hans hjärta. Jesu svar till honom var: *"Jag säger dig, inte sju gånger utan sjuttio gånger sju."*

Jag tror inte ett ögonblick att Jesus menade att förlåta exakt fyrahundranittio gånger och att Petrus därefter skulle vara fri från att behöva förlåta. Vad Jesus verkligen sa var att förlåtelse är utan gräns. Han belyste att Petrus inte hade en aning om vad förlåtelse egentligen var.

Som folk vanligen förstår förlåtelse idag, skulle det vara extremt svårt att förlåta någon för samma synd sju gånger. När någon syndar mot dig är det alltid sårande. Det är alltid smärta inblandat på ett eller annat sätt. Att förlåta dem och stryka över och släppa det om och om igen, skulle smärta mer och mer för varje gång. Vanligtvis skulle vi ställa den personen till svars efter andra eller tredje gången, och vänskapen skulle vara över. Så när Petrus säger "Herre, sju gånger?" trodde han att han var väldigt gudfruktig. I verkligheten visade det sig att han totalt hade missförstått. Den nåd, barmhärtighet och förlåtelse som Jesus talade om, låg på en helt annan nivå.

Kärleksfull barmhärtighet

Låt oss titta på Mika 6:8, för att visa vad Jesus menade. Många människor har tavlor på väggen hemma med denna vers.

"Han har sagt dig, du människa, vad som är gott. Vad begär Herren av dig annat än att du gör det rätta, älskar barmhärtighet och vandrar i ödmjukhet med din Gud."

Att älska barmhärtighet! Ett barmhärtigt hjärta är ett hjärta som låter de skyldiga gå fria. Det är förlåtelse. Guds önskan är att vi ska *älska* att förlåta. Det är inte något du måste göra utan något som du *älskar* att göra.

Om du älskar att göra något, vill du göra det om och om igen. Du gör det varje gång du får möjlighet. Du kommer till och med att söka efter möjligheter att få göra det. När Petrus frågade: "Herre, hur många gånger måste jag förlåta min broder när han syndar mot mig?"

sa han egentligen: "Detta är *hårt arbete*. Jag gillar inte att göra detta, det är svårt. Jag vill inte förlåta." Men Jesu svar var: "Petrus, du har ingen aning om vad förlåtelse verkligen är."

Jesus fortsatte med att berätta en historia, för att hjälpa Petrus att förstå skillnaden. Vi har ofta missat den poängen. Petrus förstod inte vad förlåtelse verkligen var. Han trodde det skulle göras genom mänsklig beslutsamhet, tvärt emot vad en människa *faktiskt* ville göra. Jag har ofta prata med människor som talat om för mig att "Det var någon som gjorde detta mot mig och jag föreställer mig att jag måste förlåta dem varje dag resten av mitt liv." Ja, förlåtelse är en process. Det tog mig sex månader att helt förlåta min far. Jag säger inte att det inte är en process, för det är det verkligen. Herren började ta mig igenom verserna i Matteus för att jag skulle kunna komma fram till punkten att kunna förlåta min far så som Herren ville. Han vill att vi går ifrån att vi väljer att förlåta, till att vi förlåter av kärlek, och att vi kommer till punkten där vi *älskar* att förlåta. Vi går långt förbi förlåtelsen som en viljeakt, dit då vi förlåter om och om igen från ett hjärta som älskar att förlåta.

Största delen av kristenheten idag lär ut att förlåtelse handlar om en viljehandling, att vi väljer att förlåta. Jesus håller inte med. Han säger att förlåtelse handlar om hjärtat.

Förlåtelse handlar om att avskriva en skuld

I det här stycket, när han märkte att Petrus såg förlåtelse som ett hårt bud som måste åtlydas, berättade Jesus en berättelse för att förklara. Låt mig parafrasera berättelsen.

Det fanns en kung som hade en tjänare som förskingrat en oerhört stor summa pengar från riket. Oavsett om han spelat bort dem, gjort dåliga investeringar eller spenderat alltihop, så var de borta. När han blev upptäckt, bönföll han kungen att förlåta honom. Kungen förlät honom och annullerade skulden.

Tjänaren gick ut och strax därefter mötte han någon som var skyldig honom en mindre summa pengar. Den mannen bönföll också om att bli förlåten den mindre summan, men han som fått den stora skulden förlåten vägrade förlåta och kastade honom i fängelse tills han kunde betala tillbaka. Nu fick kungen höra talas om detta och han kallade tillbaka tjänaren och sa till honom: "Jag förlät dig hela din skuld men du kunde inte förlåta någon för en mindre summa!" På grund av detta kastade kungen honom i fängelse, där han blev torterad och plågad.

Det är berättelsen. I vers 34 står det: *"Och i sin vrede överlämnade hans herre honom till torterarna tills han hade betalt allt har var skyldig."* Sedan sa Jesus en av de troligtvis allvarligaste kommentarerna i det Nya Testamentet: *"Så ska också min himmelske Fader göra med er, om ni inte var och en av hjärtat förlåter er broder."* Med andra ord, du kommer att vara plågad tills du förlåter från hjärtat. Jesus berättade historien av en anledning. För att lära oss att verkligen förlåta från hjärtat.

Till slut måste vi komma till punkten där vi *förlåter av hjärtat.* Sanningen är att *din vilja är inte ditt hjärta.* Din vilja är din. Ditt hjärta är *du.* Vi vet detta eftersom en människa kan kontrollera viljan. Du kan bestämma dig för att vilja göra något eller att *inte* göra något. Många människor fortsätter att plågas och de tänker: *"Detta kan inte ha med förlåtelse att göra för jag har redan förlåtit. Jag beslutade mig att förlåta så för mig är det över. Problemen jag har i mitt liv just nu kan inte ha något att göra med förlåtelse, eftersom jag har förlåtit, som jag blivit lärd."* Men faktum är att förlåtelse fortfarande är problemet men de ser det inte för de tror att det är ett avslutat kapitel i deras liv.

Så låt oss därför gå tillbaka till berättelsen som Herren tog mig genom, vers efter vers, för att hjälpa mig förlåta min pappa. Jesus sa:

"Därför är himmelriket som en kung som ville ha redovisning av sina tjänare."

När jag läste den versen, talade Herren väldigt tydligt och enkelt till mig. *"James, när du läser berättelsen, tänk dig att du är kungen."* Denne kung måste förlåta någon, och för att vi ska förstå hur det går till, behöver vi sätta oss i kungens position.

När jag satte mig på kungens plats, blev min far tjänaren som stulit så mycket från mig. Av okänd anledning beslutade kungen sig för att göra upp räkenskap i sitt rike. Om det var något som inte stämde, önskade han ordna upp detta. Han ville att allt dolt skulle bli blottat och tillrättalagt. Han hade tagit beslutet att hans rike skulle vara präglat av rättfärdighet.

När du läser detta kan du ta kungens plats. Du kan säga: "Herre, jag vill att mitt livs konton ställs till rätta. Om det finns saker som inte är helt förlåtna, visa dem för mig. Om jag har lurat mig själv eller om jag inte kunnat se, ber jag dig Herre att uppenbara det för mig, så att vi idag kan börja ta itu med det. Herre, jag vill att alla räkenskaper i mitt rike blir uppklarade."

Berättelsen fortsätter. *"När han började granskningen förde man fram till honom en som var skyldig tio tusen talenter."* I dagens penningvärde motsvarar detta drygt sexhundra miljoner kronor! Tjänaren var en man som kungen uppenbarligen litade på, någon som hade en hög position i hans rike.

De värsta synderna, de som sårar mest, begås oftast av människor som står oss nära och som vi litar på. Om någon du inte litar på gör något emot dig, så bekräftar det vanligen vad du förväntade dig. Men när du litar på någon, vållar det dig smärtsamma sår. Denne man hade en plats nära kungens hjärta. Han hade kungens förtroende och så blev det avslöjat att han stulit pengar från sin herre.

Det är därför det sårar dig när någon syndar mot dig. För när de syndar mot dig tar de alltid något från ditt liv. Du blir bestulen.

Du behöver inte vara i kristen tjänst en lång tid innan du upptäcker att vissa människor fått utstå de mest förfärliga synder. Skadan i deras liv, på grund av vad någon annan gjort, kan bli totalt förödande. När någon syndar mot dig, stjäl de alltid något från ditt liv.

Denise och jag betjänade en gång en åttiotreårig kvinna i Minnesota. När hon var en liten flicka på tre år, blev hon våldtagen. Hon trodde inte att denna händelse hade något att göra med det hon kom för att tala med oss om. Hennes problem var att hon varit gift fem gånger och alla hennes män hade skilt sig från henne. Hennes hjärta var krossat därför att hon blivit förkastad av sina män som hon hade älskat. Alla hade sagt samma sak, nämligen att hon inte kunde vara kärleksfull som en hustru och därför försköt de henne. När vi hörde hennes historia, upptäckte vi att hon blivit våldtagen när hon var tre år gammal. Hon såg inte det som var uppenbart för oss. Hennes äktenskapsproblem handlade om orsak och verkan och hon levde med konsekvenserna av övergreppet i hennes barndom.

Det hon hade blivit utsatt för som treåring, förstörde något av hennes femininitet och hennes kvinnlighet. Det tog bort hennes kapacitet att fritt relatera på ett kärleksfullt och öppet sätt, och att kunna njuta av intimitet i relationen. Det hade blivit stulet från henne. Senare insåg jag att det inte bara var hennes kvinnlighet som stulits, utan mycket mer. Erfarenheten av ett lyckligt äktenskap och egna barn hade stulits från henne. Möjligheten att få barnbarn hade stulits från henne. Alla fördelarna som ett stabilt äktenskap för med sig genom livet hade stulits från henne. Hon hade nu ingenting av detta som en åttiotreårig kvinna. Hon blev bestulen när hon var tre år.

Jag la mina armar runt henne och bad att Fadern skulle komma och hälla ned sin kärlek in i den del av hjärtat som tillhörde den treåriga flickan och läka såret. Ett mirakel hände den dagen. Den äldre kvinnan började plötsligt fnissa som en treårig flicka. Hon fnissade okontrollerbart av glädje. Sedan slutade hon och tittade på oss med ett allvarligt uttryck i ansiktet och sa: "Varför tog det så lång tid för Gud att hela mig?" Jag hade inget svar att ge. Allt jag kunde tänka på att säga till henne var "bättre sent än aldrig antar jag." Omedelbart när hon hörde svaret började hon fnissa igen. "Ja, bättre sent än aldrig!" Det var en ren glädje för henne att höra detta. Hon var helad.

När människor syndar mot oss, innebär det *alltid* att de stjäl något från oss.

Om vi inte förstår vad som är stulet, kan vi inte upphäva skulden.

Många människor ber mycket snabbt och ytligt om ursäkt när de gjort något fel. "Broder, jag är ledsen. Snälla förlåt mig." Vi vet att det är så en kristen ska säga! Och den kristna responsen är "Ja, jag förlåter dig" och så tror vi att det är över. Men faktum är att för det mesta har aldrig relationen helats. Det finns ingen upprättelse av relationen, men eftersom vi uttalat förlåtelsens ord, kan vi inte identifiera vad som är fel. Just därför finns det så många ytliga relationer i Kristi kropp. Sår i hjärtan som aldrig blivit helade. *Om vi inte förstår vad som blivit stulet, kan vi inte utplåna skulden.*

Så i denna berättelse var det tio tusen talenter som var stulna. För att kungen skulle förlåta, var han tvungen att utplåna en skuld som motsvarade drygt sexhundra miljoner kronor. Det är mycket pengar.

Det kostar att förlåta av hjärtat

Låt mig använda ett litet scenario. Tänk dig att jag en dag går förbi ditt hem och bestämmer mig för att gå in och låna hundra kronor av dig. När jag kommer till huset är du inte hemma, men din dörr står öppen och jag kan se din plånbok på bordet. Jag tittar i den och tänker för mig själv: "Om han vore här, skulle han ge mig pengarna. Han är min vän, så jag tar dem bara." Jag går in och tar hundra kronor och använder allt.

När du kommer hem lite senare, ser du direkt att hundringen är borta. Du tänker: "Någon har stulit den! Jag borde inte lämnat dörren öppen." Nästa dag överbevisar den Helige Ande mig och jag inser att jag har syndat. Detta var inte ett lån. Jag har faktiskt stulit pengarna. Jag går hem till dig och säger: "Broder, jag är ledsen, men igår när du var borta kom jag till huset och tog hundra kronor från din plånbok och jag har använt dem alla. Kan du förlåta mig?"

Nu har du ett val, men valet kommer att ha en känslomässig konsekvens fäst vid det, eftersom du troligen är känslomässigt kopplad till hundringen. För att släppa den måste du utplåna skulden. Om du inte förlåter mig, måste jag betala tillbaka. Oförlåtelse kräver full kompensation. *Förlåtelse utplånar skulden.* Det som gör det svårt för oss med förlåtelse är det faktumet att den oskyldige måste betala för den skyldige. Det har alltid varit på det sättet. Vi ser det i Jesus. Hans förlåtelse för syndarna kostade honom livet! Förlåtelse och barmhärtighet går faktiskt emot rättvisa. Det kommer att kosta dig hundra kronor att förlåta mig.

Det som är så underbart med förlåtelse är detta: när vi förlåter någon gör det oss mer lika Jesus. När vi utplånar en skuld, när vi betalar för en annans synd, kopplar det oss närmre och förvandlar oss till att bli mer lika Jesus.

Du kanske tänker: "Vad är hundra kronor mellan James och mig? Han är inte en dålig kille. Han gjorde ett misstag. Ok, jag utplånar skulden." Så du säger: "Ok, jag förlåter dig." Jag går iväg, jag är fri och behöver inte betala tillbaka.

Låt mig nu ändra berättelsen lite grann. När jag går in i huset och öppnar din plånbok för att ta hundra kronor, ser jag ditt VISA-kort. Inte nog med det, utan koden ligger med, längst bak. Jag tar VISA-kortet och hundra kronor, går ner till banken och tar ut femtusen kronor från ditt bankkonto och lägger sedan tillbaka VISA-kortet i din plånbok. Jag spenderar allt. Femtusenetthundra kronor. Allt är borta. Nästa dag får jag dåligt samvete. Men när du kommer hem och VISA-kortet fortfarande finns där, saknar du bara hundra kronor. Du vet inte om att femtusen kronor saknas tills senare när du kontrollerar saldot på ditt konto.

Nästa dag när den Helige Ande överbevisar mig och jag kommer till dig och berättar: "Broder, jag är ledsen men igår stal jag lite pengar från dig. Kan du förlåta mig?" Notera att jag inte ger några detaljer om att jag tog VISA-kortet, så du tror att det bara var hundra kronor. I verkligheten stal jag femtusenetthundra kronor men jag ber dig förlåta mig för vad jag tog från dig. Så när jag säger: "Broder, jag är ledsen men igår stal jag lite pengar från dig. Kan du förlåta mig?" säger du: "Vad är hundra kronor mellan James och mig? Ok James, jag förlåter dig."

Låt mig fråga dig: är jag förlåten? Nej! Jag är *inte* förlåten. *Du kan inte förlåta mig om du inte vet vad som har tagits!* Du har förlåtit mig för de hundra kronorna, men när du får ditt VISA utdrag måste du gå igenom hela processen igen. Och du kommer ha mycket mer känslor för femtusen kronor än för hundra kronor. Detta kommer att beröra ditt liv ganska mycket. Du kanske hade sparat femtusen kronor till en semester eller något annat viktigt för dig. Femtusen kronor är mycket pengar. Så i ditt hjärta är det svårare att förlåta mig för detta.

Så här är det. Många av oss granskade aldrig på riktigt vad som blev stulet när vi förlät någon för något.

Jag upptäckte detta när Herren tog mig igenom förlåtelseprocessen med min far. Jag hade sagt framme i kyrkan tillsammans med äldstebrodern: "Jag förlåter min far i Jesu namn", och så mycket smärta hade kommit upp till ytan i mitt liv medan jag kämpade med att säga orden. Men nu, när jag läste dessa verser, började Herren ge mig en medvetenhet om vad min fars oförmåga att vara den far jag behövde, hade kostat mig.

Jag började inse att om min far, mitt i ett gräl, bara hade kunnat säga till mig: "Min son, jag vill inte gräla med dig. Jag älskar dig. Du är en bra pojke. Du är duktig. Jag tycker om dig. Du är min son", skulle det ha gjort en enorm skillnad, men han bara fortsatte att pika och såra mig tills jag blev arg.

Ibland tittar jag på gamla fotografier från den tiden när jag var tonåring. På varje foto, utan undantag, är mitt ansikte bortvänt från min far. När jag ser på mitt ansikte på de gamla fotografierna, känner jag för att gråta. Jag var en olycklig, sårad pojke. Om min far bara enkelt hade lagt sin hand på min axel när han gick förbi, skulle det ha gjort en enorm skillnad i mitt liv. Om han bara talat om att han älskade mig. Om han bara satt sig ned och sagt: "Hur har din dag varit?" Min far var inte en dålig far, men han var oerhört skadad av det andra världskriget. Om han hade kunnat vara en bättre far, skulle jag haft en bättre uppväxt. Min far var aldrig fysiskt aggressiv, men hans ord var konstant elaka och vassa. Jag började förstå vad det hade kostat mig att min far var den man han var. Och jag började bli riktigt, riktigt arg.

MIN FAR KUNDE INTE BETALA

När Gud tog mig genom processen att beräkna kostnaden, fanns det stunder när jag bara ville hoppa på ett plan och flyga hem. Ibland var jag så arg att jag bara ville slå min far. Jag var chockad över hur mycket ilska som doldes i mitt hjärta. Jag kände mig så trasig. Jag började komma i kontakt med den faktiska kostnaden för min fars oförmåga att vara den far jag behövde.

Om vi fortsätter med berättelsen i Matteus 18, så står det i vers 25: *"Eftersom han inte kunde betala* (detta var mannen som hade stulit tiotusen talenter) *befallde hans herre att han och hans hustru och barn och allt han ägde skulle säljas för att betala skulden."* Jag ville att min far skulle bli straffad. Oförlåtelse vill att den andra personen ska betala för vad de gjort. Men de ord som fastnade var de första orden i versen: *"Eftersom han inte kunde betala."* Denna man hade stulit en enorm summa pengar och allt var borta. Han kunde inte ge det tillbaka.

När veckorna gick, kom dessa ord tillbaka: *"Eftersom han inte kunde betala."* Herren började påminna mig om saker jag hade hört om min far. Människor han hade varit tillsammans med i kriget, mina fastrar och farbröder. Jag började se hans liv på ett nytt sätt. Jag kom ihåg hur mina fastrar hade talat om honom med hånfulla toner i sina röster. Min far flyttade hemifrån när han var sexton år gammal. Han skickades till en stad som på den tiden låg långt bort från hans hemstad och han fick bara resa hem en gång om året. Han bodde hos en äldre kvinna nära arbetet, ett arbete han hatade, och han hade ingenting intressant att göra på fritiden. På den årliga hemresan mötte hans mor honom med ett handslag och tog avsked en vecka senare med ett nytt handslag. Han berättade för mig några år senare att den enda människa som någonsin sa "Jag älskar dig" var min mor.

När han var sjutton år började det andra världskriget. Han gick omedelbart med i armén, tränades och skickades iväg för att strida på Stillahavsöarna. Han åkte vidare till Egypten och var sedan en del av de allierades framryckande i Italien, där han blev kvar tills krigsslutet.

Han berättade en gång om hur han bevittnade sin närmaste vän bli dödad av en granat från en stridsvagn. Jag kommer ihåg att han sa: "Vi hittade inte ens en liten tygbit från hans uniform." Min far var en spanare för det tunga artilleriet. Han lokaliserade var fienden fanns och dirigerade granater mot målet. För det mesta såg de aldrig det de skjutit mot, förutom en gång när de reste igenom en by som hade blivit helt förintad. Han såg bitar av kroppar från kvinnor och barn på gatorna. Det fanns inga män eller fiendesoldater där, bara kvinnor och barn! Min far var nitton år gammal och det var han som hade riktat in granaterna mot byn.

Jag ser ofta tillbaka och tänker att om jag hade varit Gud den dagen och kunde ha sett min fars hjärta när han gick genom den byn, vad skulle jag ha känt för honom? Jag tror jag skulle ha känt ilska mot vad som hade skett, och sorg gentemot honom när han såg vad hans händer hade gjort och vad han hade varit delaktig i. Min far kom tillbaka från kriget och behövde bli älskad. Han gifte sig väldigt snabbt med min mor och inom några få år hade de tre barn. Han började dricka så mycket sprit han kunde, för han klarade inte av de känslor och minnen som förföljde honom. Min far hade en konflikt med världen inom sig på grund av orättvisan han upplevt i sitt liv. Följaktligen vände han allt till gräl eftersom det fanns en djupt otillfredsställelse på insidan. Han hade tre barn som behövde en far som älskade dem. Men han hade ingen kärlek att ge!

När jag läste orden *"Eftersom han inte kunde betala"*, insåg jag att min far inte hade någon kapacitet kvar att vara en far. Han hade ingen kärlek att ge. Han kunde inte betala vad han var skyldig mig.

Du kan inte ge vad du inte har tagit emot

Du kan inte ge vad du inte har tagit emot och ändå tänker vi ibland att allt är så enkelt. "Varför kan de inte göra detta? Det är ju så lätt."

Men om du aldrig själv har tagit emot det, är det inte så enkelt. Min far hade aldrig hört någon säga till honom "Jag älskar dig." Hans far hade aldrig lagt sin hand på hans axel och sagt "Jag är stolt över dig, min son." Allt han hade i sitt hjärta var en strid med världen. *Han kunde inte betala.* Jag började se på min far helt enkelt som en medmänniska som hade lidit, som inte var perfekt, och liksom jag inte klarade av många av de saker livet hade lagt på honom.

"Då förbarmade sig tjänarens herre över honom och lät honom gå och efterskänkte hans skuld." (v.27)

Hans herre *rördes av medlidande.* När jag såg att min far inte hade någon möjlighet att betala mig, fick jag för första gången i mitt liv medlidande med honom. Jag hade aldrig tidigare sett saker från hans perspektiv. Jag tror att om jag kunde ha haft Guds perspektiv och sett allt som hade hänt i min fars liv, skulle jag haft en mycket annorlunda attityd gentemot honom.

DEN VERKLIGA TJUVEN

Vi har en själafiende. Denna fiende kommer för att stjäla, slakta och förgöra, men han kommer inte för att stjäla din bil. Han kommer för att stjäla din själ. Han kommer inte för att förstöra din TV eller något annat du äger. Han kommer för att förstöra din personlighet. Han kommer för att döda allt som är gott i dig, allt likt Gud, allt som är vänligt, behagligt och milt. Han kommer för att förgöra allt som Gud har lagt ned i dig.

Som kristen har vi fått trons sköld till att släcka fiendens brinnande pilar. Jag insåg att min far inte ens haft en sköld och därför hade fiendens alla brinnande pilar träffat honom. Satan har inga skrupler. Han håller ingenting tillbaka. Han lägger inte band på det onda som han gör mot människor. Han gör det mest horribla mot det renaste och oskyldigaste lilla barn. Han hade attackerat min far från det ögonblick han föddes, och även innan han föddes. Alla som någonsin har sårat dig har han också attackerat. Han har attackerat och sårat dina föräldrar på sätt som du aldrig kan förstå. Han har stulit deras potential att bli de människor de drömde om att bli, för att hindra dem att vara de föräldrar du hade behov av.

Så jag började förstå något om min fars liv och började se att han bara var en människa som jag. Han brottades med problemen i vår värld och gjorde det bästa han kunde, men hade inte förmågan att vara den jag behövde. För första gången i mitt liv hade jag förbarmande för honom. För första gången bad jag för min far, ungefär så här:

"Herre, jag vill att du välsignar min far. Jag vill att han ska vara lycklig. Jag vill inte att han ska bära denna skuld längre. Jag vill inte att han ska vara oälskad. Jag vill inte att han ska vara ensam längre. Jag vill att han ska vara älskad. Jag vill att han ska vara förlåten för det som finns på hans samvete och allt från kriget som upprörde honom. Jag vill inte att han ska behöva bära det längre, allt det som fått honom att dricka så mycket för att bedöva sitt hjärta. Herre, jag ber dig att förlåta honom för allt detta, så han kan lägga det bakom sig och bli fri. Herre, kan du förlåta honom för hans synder? Kan du förlåta honom för allt? Jag vill inte ens att han ska känna sig skyldig längre för det sätt han inte var en far för mig, för det är bara ytterligare en börda. Jag vill att han ska vara fri från känslan att ha misslyckats som man, som far och som make. Jag vill att han ska vara fri! Jag vill att han ska vara välsignad. Herre, jag förlåter honom av hela mitt hjärta. Vill du förlåta honom?"

När jag bad den bönen insåg jag att jag verkligen ville att att han skulle bli förlåten för *hans* skull. Han bar så många bördor och *jag ville att han skulle vara fri*. Med den sortens förlåtelse kommer du älska att förlåta. När jag sa: "Herre, jag förlåter honom av hela mitt hjärta", hände en konstig sak jag inte förväntat mig.

Plötsligt kände jag mig otroligt tom. I mitt hjärta kände jag mig så ensam och sårbar. Jag kände mig som ett litet barn som var helt oskyddat. När du inte förlåter från hjärtat håller du kvar den personen som står i skuld till dig. När du släpper dem är du tom.

Jag förlät min far och strök över skulden. Jag löste honom från alla skyldigheter som far och från allt han aldrig kunde bli. Jag slutade förvänta mig saker från honom, för det skulle bara vara ytterligare en börda på hans axlar. Jag löste honom från alla mina förhoppningar om att han skulle gottgöra mig en dag. Plötsligt kände jag mig totalt tom och helt ensam. Jag kände mig som en liten pojke som inte hade någon som skyddade honom.

I det ögonblicket, när känslan drabbade mig, hade jag plötsligt en underlig vision. I visionen var jag en lärare i ett klassrum med cirka trettio tolvåriga elever. Jag skrek till dem: "Vem ska vara en far åt mig?" Eleverna tittade förvånat på mig. De var ju bara barn. Hur skulle de kunna vara en far åt mig? Jag ropade igen och igen: "Vem ska vara en far åt mig?", men självklart visste de inte vad de skulle säga. Då la jag märke till en hand längst bak i klassrummet. Jag såg över deras huvuden, där längst bak, på golvet lutad mot en vägg, satt vår himmelske Far och han sa: "James, jag ska vara en Far åt dig."

Hjärtats förlåtelse sker när ditt hjärta släpper taget om personen, sätter dem fria och låter dem gå. När ditt hjärta är bundet till någon genom oförlåtelse, är du inte fri att koppla med din himmelske Far. Gud vill umgås med oss, hjärta till hjärta, som en far. När vi sätter vår mor eller far fria i våra hjärtan blir våra hjärtan fria att koppla med vår himmelske Far som säger: *"Jag skall ta emot er och jag skall vara er Far och ni skall vara min söner och döttrar"* (2 Kor 6:17-18). Du har en himmelsk Fader som vill lära känna dig djupt och innerligt. Du kanske fortfarande är bunden vid dina föräldrar genom oförlåtelse. Det är dags att förlåta dem från hjärtat och låta dem gå fria.

KAPITEL 4

En sons hjärta

∽

Nu vill jag berätta slutet på det som hände i kapellet den morgonen. Den händelsen var oerhört betydelsefull för att föra mig in i Fadern kärlek.

När Herren ställde den omskakande frågan "James, vems son är du?" förmedlade han något otroligt viktigt till mig. Jag visste vad han frågade: "För vem har du varit en son, på samma sätt som Jesus är en son för mig?" Det låg så mycket mer i detta att jag blev stående en lång stund och försökte finna svaret. Jag var förbluffad över Herrens fråga och försökte komma på hur jag skulle svara. Det var två saker som gick runt i mitt huvud samtidigt, som två skivor som spann vansinnigt åt motsatta håll. Jag gick igenom allt jag kunde tänka på och försökte få fram ett svar som kunde tillgodose båda problemen. Vad skulle jag säga? Det var en intensiv stund och jag visste att Herren kunde se allt och att han iakttog vad som hände i mitt hjärta, i mitt sinne och i mina känslor. Som en strålkastare sökte han i mitt inre för att se reaktionen på sin fråga.

Det första jag tänkte på som svar på frågan "James, vems son är du?" var att svara med ett namn, och det första namn som kom upp var min fars namn. Jag trodde jag kunde säga till Herren "Jag är son till Bruce Jordan," men så fort jag tänkte det, insåg jag att jag inte kunde säga det för jag hade slutat vara hans son för länge sedan. Såklart var jag hans biologiska son, men jag var inte en son till honom på samma sätt som Jesus var till Fadern. Jag fick sudda bort den tanken och snabbt komma på ett annat svar.

Nästa person jag tänkte på var en äldstebroder i kyrkan där vi blev frälsta. Han var en anmärkningsvärd man. Han hette Ken Wright och han hade vandrat i Anden i många år. Det var han som döpte mig. Jag minns att jag såg hans resekalender för internationella tjänsteresor under två år. Han skulle resa till mer än hundra olika länder och inte stanna på någon plats längre än fyra dagar under de kommande två åren. När han talade, drack vi in hans ord och Guds Ande i honom flödade över oss. Vi var oerhört imponerade av honom och han hade ett fadershjärta för oss.

Så när Herren ställde frågan "James, vems son är du?" kom jag plötsligt på att jag kunde säga att jag var son till Ken Wright, men återigen, i samma ögonblick tanken slog mig visste jag att jag inte kunde säga det, därför att även om jag snappat upp allt jag kunde från Ken hade jag inte en sons hjärta gentemot honom. Jesus sa till sin Fader: "Jag fröjdar mig över att göra din vilja", men jag hade aldrig önskat att behaga Ken. Jag tog emot allt han gav som behagade *mig*. Så jag insåg att jag inte kunde säga hans namn till Herren. Vilka andra kunde jag nämna? Jag kunde inte säga Bruce Jordan. Jag kunde inte säga Ken Wright, så vem kunde jag säga att jag hade varit en son till?

Den ende mannen jag kunde tänka på var Neville Winger. Vi brukade kalla honom "farbror Nev". Han ägde en framgångsrik bilfirma i Nya Zeeland, som han sedan sålde för att köpa en farm på en ö utanför Nya Zeelands kust. Det var en nedsliten gammal farm. Den låg på åttahundra tunnland av bergsland med en vacker, men oländig kustlinje. Han flyttade dit med sin hustru Dot. Under många år hade de låtit ungdomar med olika problem bo i deras hus. Nev och Dot hade ett hjärta för unga människor och de tog dem till sitt hem och försökte arbeta med dem. Därför sökte han efter ett ställe dit han kunde ta dessa ungdomar, bort från livet på gatan och ta hand om dem i sitt eget hem. Han ville också ha ett konferens- och väckelsecenter för Nya Zeeland, så han köpte farmen för att uppfylla visionen.

Nev var en extraordinär man, en sann andlig fader i nationen. När han predikade kände jag verkligen en koppling med honom och tänkte att jag ville gå på bibelskolan han hade startat, vilket vi gjorde. På något sätt hade Nev, liksom Ken, något av ett fadershjärta för oss. Han profeterade ofta över oss, och efter alla dessa år är dessa profetior fortfarande relevanta.

Så jag tänkte jag skulle säga till Herren: "Jag är Nev Wingers son", men *återigen* under Guds strålkastarljus, insåg jag att jag inte kunde säga det heller. Sanningen var att jag aldrig hade varit en son till honom i mitt hjärta. Jag hade varit en som tog, inte en som gav. En sann son som Jesus var är alltid delaktig i sin faders verksamhet. Jag var aldrig delaktig i min fars *eller* Ken Wrights *eller* Nev Wingers verksamhet. Jag tänkte aldrig på hur jag kunde vara till välsignelse eller hjälp för dessa män. Mitt hjärta var helt föräldralöst. Jag brottades och vred mig när jag helt enkelt borde ha sagt: "Herre, jag är ingens son och *jag vill inte* vara någons son." Jag kunde inte erkänna det, därför att det var något annat som pågick. När jag hade stängt mitt hjärta för min far, hade jag totalt förlorat mitt hjärta som son.

En sons hjärta

Vad är en sons hjärta? Låt oss börja i Galaterbrevet 4:4-5 för att förstå detta:

"När tiden var inne sände Gud sin Son, född av kvinna och ställd under lagen för att friköpa dem som stod under lagen, så att vi skulle få söners rätt."

När vi blev födda på nytt blev vi Guds söner och döttrar. Men Gud går längre än så, detta är bara första steget. Paulus fortsätter:

"Eftersom ni är söner har Gud sänt i våra hjärtan sin Sons Ande som ropar Abba! Far!"

Eftersom vi genom juridiska rättigheter är Guds söner, har han utgjutit sin Sons Ande. Han har lagt Anden i våra hjärtan, Anden som ropar *"Abba! Far!"* Våra mänskliga hjärtan ropar inte "Abba Far!" Det är Guds Sons Ande i oss som ropar "Abba! Far!"

Hans Sons Ande är utgjuten i våra hjärtan. När jag stängde mitt hjärta för min far, förlorade jag en sons hjärta. Så när den Helige Ande fyllde mig, fanns inte ett motsvarande sonhjärta där som kunde gensvara. Eftersom jag hade stängt mitt hjärta som son, kunde inte den Helige Ande föra mig in i sonskapet. Detta är ett livsviktig begrepp, som Herren visade mig när han ställde frågan. Han sökte ett hjärta som var öppet för att vara son.

Jesus upplevde detta när den Helige Ande sänkte sig över honom när han döptes. När Gud proklamerade: *"Detta är Min älskade Son, i Honom har jag min glädje"*, kom sonskapets Ande ned över honom. Från den stunden blev Jesus proklamerad inför hela världen som Guds Son! Innan dess var han Jesus från Nasaret, Josefs och Marias son, men nu proklameras han som Guds Son. Den samme Helige Ande som föll över Jesus, är den samme Ande som skapar sonskap i oss.

Många kristna har känt den Helige Ande som den Ande som fött oss på nytt, men har ännu inte upplevt honom som sonskapets Ande. Följaktligen kan vi vara fyllda med den Helige Ande utan att ha del av livet som Guds söner. När Anden utgjuts i hjärtat på en person som inte har ett sonhjärta gentemot sina föräldrar, kan inte den Helige Ande fungera i den personen som sonskapets Ande. *Guds Ande måste finna en motsvarande harmoni inom dig för att det ska bli en verklig upplevelse i ditt liv.*

När jag stängde mitt hjärta för min far, förlorade jag en sons hjärta. När jag stängde mitt hjärta för min far, hade jag inte längre ett sonhjärta för *någon* fadersfigur... inklusive Gud.

Att relatera till en far

Detta var mitt stora problem. Det var många människor som kom in i mitt liv som hade ett sorts fadershjärta för mig, men jag kunde inte relatera till det. Jag förstod inte att om du inte har en sons hjärta gentemot din naturliga mor och far, kan du inte ha en sons hjärta överhuvudtaget, och då kan du inte koppla med någon far, *inklusive* Gud! På samma sätt som Jesus måste vara absolut Herre i ditt liv för att du ska ha någon relation med honom, är det absolut avgörande att ha en sons eller dotters hjärta för att ha en relation med Gud Fadern.

Om du vill känna Gud som Far, finns det bara ett sätt som du kan lära känna honom på. Han kommer inte att relatera till dig på något annat sätt än som Far. Många av oss blev fäder vid någon tidpunkt i våra liv, men Gud *blev* aldrig Far, han har *alltid* varit Far och kommer alltid att vara Far. Han skapade universum, men hans natur är inte skapare. Att skapa är något han gör, inte vem han är i sin grundläggande natur. Om din far är ingenjör till exempel, relaterar du inte till honom på grund av hans yrke utan du relaterar till honom på grund av hans identitet i er relation. Gud skapade universum men han relaterar inte till dig som skapare. Han relaterar till dig som en Far, för det är vem han är. Far är själva essensen av hans väsen. Jesus kom för att uppenbara för oss att Yahweh är Pappa, att Yahweh *är* Far.

Jag tror att mer än nittio procent av oss i västvärlden har stängt våra hjärtan till våra föräldrar. Vi har använt ett sofistikerat språk kring det, men en verklig innerlig relation är något mycket främmande för många människor.

När jag var i kapellet och Herren talade de orden till mig "James, vems son är du?", var det mitt hjärtas tillstånd han var ute efter. Jag hade inga svar att ge. Jag borde ha sagt: "Herre, jag är ingens son", men jag hade svårt för att säga det. Låt mig berätta varför.

Alla Gudsmän är någons son

Så länge jag har varit en kristen har jag önskat vara en gudsman, på samma sätt som smorda predikanter är. Jag bad ständigt: "Herre, gör mig till en gudsman." När jag var i kapellet den dagen och försökte komma på ett namn att säga till Herren, pågick det en annan tankeprocess i mitt huvud samtidigt. Det relaterade till ett av mina favoritämnen just då. När jag gick på bibelskolan hade jag som huvudämne Gamla Testamentets kronologi. När jag fördjupade mig i de kända personerna i Gamla Testamentet, var det något som ständigt irriterade mig. Nästan alla dessa hjältar beskrevs som "son till...". Josua var son till Nun, Kaleb var son till Jefunne, David var son till Jesse. Varje person jag läste om presenterades som son till någon.

Detta irriterade mig verkligen. Varför inte David, poeten, krigarkonungen? Varför inte Jesaja, den store profeten? Varför inte Kaleb, troshjälten? Jag var så självtillräcklig att jag tänkte: "Varför kan de inte stå på sina egna ben? Varför kan de inte vara riktiga män? Varför måste de luta sig mot sina fäder?" Detta uppenbarade den sanna naturen av mitt eget hjärta i relation till min far.

Den dagen i kapellet upplevde jag att Gud sa: "James, jag har hört dig be mig om att göra dig till en gudsman. Vill du vara en gudsman, är det så? *Alla* mina gudsmän är någons son. Så om du vill vara en gudsman James, vems son är du?"

Jesus var son till en ofullkomlig man

Jag *kände väl till* den skada som fäder kan orsaka. Visste inte dessa bibliska hjältar vilken skada fäder kan göra? Du måste vara galen för att vara någons son! Jag visste att Jesus är Guds Son men jag kunde förlåta honom för det, hans Far är ju perfekt. Fullkomliga fäder är inte problemet, ofullkomliga fäder är! Sedan insåg jag att Jesus är känd som Davids son för evigt. Faktum är att hans tjänst byggs på David som kung och David var inte en fullkomlig man!

Många kyrkor idag skulle förbjuda David att tjäna eller ha någon plats av auktoritet i kyrkan på grund av hans felsteg och brister, men Jesus är nöjd med att vara känd som son till en ofullkomlig man! Det utmanade mig verkligen! Om Jesus kan vara son till en ofullkomlig man, måste det vara något fel med mitt perspektiv. Jag ville inte vara son till en ofullkomlig person, men Jesus var nöjd med att vara känd som son till en ofullkomlig man. Jag kunde inte komma ifrån denna verklighet. Jag var fast!

Jag visste det inte då, men den dagen avgjorde resten av mitt liv. Till slut blev jag tvungen att ärligt erkänna: "Herre, jag är *ingens* son, och vad som är värre, jag *vill inte* vara det heller. Jag är rädd för att vara det. Vill du hjälpa mig?" När jag sa: "Vill du hjälpa mig", lämnade hans närvaro omedelbart rummet och jag var ensam i kapellet. Det kändes som att Herren hade gått för att starta arbetet på mitt problem.

Att finna Sonskapets hjärta

Efter detta möte började Herren arbeta för att återupprätta en sons hjärta i mig. Det första var, som jag skrev i föregående kapitel, att förlåta min pappa från hjärtat. När det gällde *detta* var mitt hjärta nu fritt, men jag började undra hur jag kunde få tillbaka en sons hjärta.

Jag kom inte på några svar. Jag tänkte och bad en hel del men ingenting verkade komma fram. Hur får du en sons hjärta tillbaka när du har förlorat det? Ja, när du förlorat något, var finner du det? Du finner det på den plats du lämnat det, eller hur? Om du kan gå tillbaka där du förlorade det, kommer det att finnas där. Så enkelt är det.

Jag hade förlorat en sons hjärta i min relation till min pappa. Det var där jag hade stängt mitt hjärta. Jag förstod att det måste ha att göra med min pappa, men jag visste inte exakt hur. Jag kunde inte komma på hur jag någonsin kunde finna en sons hjärta gentemot honom igen. Efter ett tag började jag inse att det fanns en sak jag kunde göra. Jag hade förlåtit min far för alla de saker han både gjort och inte gjort, men jag insåg också att jag hade behandlat honom på ett sätt som inte var bra. Jag kunde ha varit mer barmhärtig och förlåtande. Jag kunde ha varit mer tacksam och hedrat honom. Det var mitt val att stänga mitt hjärta. Då fick jag tanken att jag kunde skriva ett brev till honom och be om hans förlåtelse för allt detta.

När jag var pojke och bodde hemma var en av mina uppgifter att klippa gräsmattan på baksidan av huset. Jag gjorde det aldrig frivilligt utan min far fick alltid pressa mig till det. Jag gjorde det aldrig noggrant. Jag försökte undvika hörnen och hoppade över områden som behövde klippas. Jag undvek också mitt ansvar genom att gå ut efter skolan och stanna borta tills det blev mörkt, så att det inte fanns tid att klippa gräsmattan. Jag blev glad när det regnade och jag använde det som ursäkt. Om det inte regnade, gick jag ner till bäcken för att simma eller fånga ål. Till slut pressade min far mig och hotade med olika saker, som att förbjuda mig att leka, så då klippte jag motvilligt gräset. Jag gjorde det aldrig frivilligt. Jag tänkte att jag kunde be honom om förlåtelse för detta och för andra saker.

Men det fanns också ett annat problem. I vårt hem var det aldrig någon som bad om ursäkt, för det uppfattades som svaghet. Ingen bad någonsin om förlåtelse och ingen sa någonsin "Jag älskar dig." Detta var tecken på svaghet och därför var jag rädd för att be om min fars förlåtelse, ifall han skulle använda det mot mig under nästa gräl.

Brevet

Jag bestämde mig för att göra ett utkast till ett brev för att se hur det skulle se ut, men kände inte att jag var redo att skicka det. Till slut hade jag uttryckt allt jag kände behövde sägas. Jag bad om förlåtelse för att jag aldrig klippte gräsmattan på det sätt han ville ha det gjort. Jag bad om förlåtelse för min felaktiga attityd gentemot honom. Jag bad om förlåtelse för alla grälen. Jag bad om förlåtelse för saker jag hade sagt till honom. Jag bad om förlåtelse för att jag inte utfört många av de sysslor han hade bett mig om. I slutet av brevet sa jag: "Jag ber om förlåtelse för att jag stängde mitt hjärta för dig när jag var tio år gammal, och för att jag inte har varit en son till dig." Sedan satte jag brevet på en hylla där det var kvar i två veckor tills jag nämnde det för Jack Winter, som svarade: "Ja, då är det bäst att du postar det!" och så gick han iväg!

Nu ökade trycket! Jag köpte kuvert och frimärke, adresserade det, la brevet i kuvertet och la tillbaka det på hyllan och där låg det kvar en månad. Jag visste när jag skrev det att det uttryckte vad jag ville ha sagt, men jag ville inte läsa om det för nu fick jag kalla fötter. Till slut visste jag att jag måste posta det. Jag var säker på att Jack skulle fråga mig en dag om jag skickat brevet och jag ville kunna svara att jag gjort det. Jag bestämde mig för att ta brevet "på en promenad". Jag sa till mig själv att jag inte skulle skicka det. Jag skulle bara ta en promenad förbi brevlådan.

Det fanns en röd brevlåda vid vägen nära där vi bodde. Jag gick fram till den, höll brevet i springan och tänkte: "om jag släpper taget får han det". Snabbt drog jag tillbaka brevet och fortsatte nedför gatan. Jag gick cirka tjugofem meter och bara visste att jag *måste* skicka det. Jag gick tillbaka, höll brevet i springan och släppte ned det! Omedelbart kändes det som att bli sparkad i magen. Jag grät hela vägen tillbaka till huset där vi bodde, gick rakt upp till sovrummet, la mig på sängen och bara grät. Jag var rädd för hur min far skulle reagera när han fick brevet.

Strax efter detta reste vi till norra Minnesota till en lägerplats som Jack Winters organisation hade köpt. Vi körde upp till det nya centret och jag sa till Denise: "När vi kommer fram vill jag vara som en son för ledarskapet". Jag hade aldrig tänkt på det sättet förut och jag var överraskad över orden som kom ut ur min mun! Det var det första tecknet på förändring! Det var medan vi var där som Jack Winter återkom och predikade om Faderns kärlek. Jag hade hört honom tala om det många gånger men aldrig riktigt förstått. Jag böjde knä bredvid honom när han bad för människor för att uppleva Faderns kärlek. Jag såg dem gråta när de blev helade från smärtan i sina liv och jag kunde känna Guds närvaro, men förstod inte vad som hände.

En överföring av Faderns kärlek

Denna gång, efter att ha lyssnat på Jacks predikan om Faderns kärlek, sa jag till honom: "Jack, jag förstår äntligen vad du talar om. Vill du be för mig?" Han hade väntat på ett tillfälle att be för mig så han svarade ja. Han tog mig till ett litet rum på baksidan av centret och jag satte mig i den enda stolen som fanns i rummet. Jack böjde sig ned bredvid mig, såg mig rakt i ögonen och sa: "Kan du vara en liten pojke som behöver bli älskad?" Jag tänkte: "Jag är en tjugonioårig man. Jag är inte en liten pojke!" Men när jag såg in i Jacks ögon visste jag att han såg mig för den jag verkligen var. Utåt sett var jag en vältränad, stark och kapabel man men på insidan var jag en liten pojke som behövde bli älskad för jag hade aldrig känt en fars kärlek.

Sanningen är att om du aldrig har upplevt en fars kärlek, finns behovet fortfarande där. Så jag sa till honom: "Jag vet inte Jack, men jag kan försöka." Han bad mig lägga mina armar runt hans hals som en liten pojke som har behov av att krama sin far. Jag hade aldrig kramat en man i hela mitt liv men jag la mina armar runt hans hals. Det kändes ytterst pinsamt och jag ville fly och springa ut från rummet, men han la snabbt sina armar runt mig och höll mig hårt. Han gav mig ett tydligt budskap att jag inte skulle komma ur detta förrän han var klar! Sedan bad han en väldigt enkel bön: "Far, vill du komma nu och låta mina armar vara dina armar runt denne unge man." I det ögonblicket var det inte längre Jack som höll mig, utan Gud. Han fortsatte: "Vill du komma och fylla hans hjärta med din kärlek, för han har aldrig känt en Far som du." Efter två eller tre minuter var han klar och jag reste mig.

Från det ögonblicket verkade det som om allt var förändrat. Närhelst jag började be kom ordet "Far" spontant ur min mun. Det kändes som om min ande hade rört vid Fadern. I verkligheten var det Far som hade rört vid min ande.

Några månader senare flög vi tillbaka till Nya Zeeland. Vi reste och besökte Denises mor i Taupo, där vi nu bor. Vi stannade där i två veckor, men jag ville inte besöka mina föräldrar vid det tillfället, för jag var rädd för att upptäcka min fars reaktion på brevet. Efter några veckor sa jag till slut till Denise: "Vi måste åka dit. Låt oss få det överstökat." Så vi satte oss i bilen, körde dit och tillbringade eftermiddagen med mina föräldrar och sedan körde vi tillbaka till Taupo. Min far nämnde inte brevet.

Vi besökte dem igen efter några månader men han sa inget då heller. Likaså på ett besök några månader senare. Det gick fem år. Nu var jag trettiofem år gammal. Min far hade aldrig sagt något om brevet så jag började undra om han aldrig hade fått det. En dag frågade jag min mor: "När vi var i USA för några år sedan skrev jag ett brev till pappa. Vet du om han fick det eller inte?" Min mor svarade: "O ja! Han fick det! Faktum är att han fortfarande har det. Det ligger i lådan bredvid hans säng." När hon sa det förstod jag att brevet var dyrbart för min pappa. Det var för dyrbart att dras fram i ett gräl. Min far hade aldrig kunnat säga "Jag förlåter dig min son." Jag hade aldrig hört honom säga "Jag är ledsen" eller " Jag älskar dig" eller något liknande. Han talade aldrig på det sättet men jag förstod att det var dyrbart för honom och därför antog jag att han hade förlåtit mig. Åren gick och en dag beslutade jag att tala om för min far att jag älskade honom.

Jag kände ingen kärlek i mitt hjärta för min far men tänkte att om jag sa det genom ett beslut, skulle Gud ära det och ge mig känslor av kärlek. På samma sätt som byggare häller betong i ett ramverk av trä som de skapat, skulle min proklamation av kärlek vara ramverket för Gud att ösa in i. Jag skulle säga orden "Jag älskar dig" och lita på att Gud skulle ge mig en känsla av kärlek för min far. Sanningen var att jag hellre skulle ha bestigit Mount Everest. Det var en enorm sak att försöka göra. Men genom alla gräl jag hade haft med min far, hade han lärt mig en sak: att säga saker som kunde vara svårt för den andre att höra. Faktum var att på den tiden var det lätt för mig att göra det. Så jag beslutade mig att säga till honom att jag älskade honom.

"Jag älskar dig pappa"

Nästa gång vi besökte dem väntade jag på en möjlighet att säga det. Jag hoppades på att han skulle gå in i köket och då skulle jag följa efter, ta ett glas vatten och säga: "Förresten pappa, jag älskar dig" och sedan gå tillbaka till vardagsrummet, men han gick inte in i köket så jag fick ingen möjlighet att träffa honom ensam. Till slut skulle vi köra hem och jag tänkte att jag hade missat tillfället. Min pappa hade en speciell vana. Närhelst människor kom på besök ställde han sig alltid i köket, vilket ledde ut och när gästerna skulle gå gick de igenom köket på vägen ut. Då stod han med ryggen mot kylskåpet och skakade hand med människorna när de gick ut. Min far lärde mig inte många saker i mitt liv, men när jag var fyra år gammal lärde han mig att skaka hand. Jag kan fortfarande i exakt detalj komma ihåg det, ord för ord. Han sa: "När du skakar hand med en man ta ett fast grepp, inget kraftlöst handslag. Skaka två eller tre gånger och släpp sedan. Man rör inte vid en man för länge!"

Vi lämnade huset och jag skakade hand med min far, två eller tre skakningar med fast grepp och sedan släppte jag taget och gick ut genom dörren. Han skakade hand med de andra. När jag kom till hörnet på utsidan av huset tänkte jag: "Jag gör det nu!" Jag tittade tillbaka, förbi min familj, på mamma och pappa och sa: "Hej då mamma och pappa. Jag älskar dig pappa!" och gick snabbt runt hörnet. Denise och barnen följde snabbt efter mig till bilen och vi körde iväg! Jag hörde inget skrik eller någon krasch så jag kom undan med det!

Nästa gång vi besökte dem, tänkte jag att jag skulle göra samma sak igen. Jag skulle säga "Jag älskar dig" igen. Denna gång när jag skakade hand vid kylskåpet gjorde jag som sist. Fast grepp, två eller tre skakningar, men denna gång släppte jag inte taget och han tittade upp på mig. Jag såg honom rakt in i ögonen och sa: "Jag älskar dig pappa". Sedan släppte jag taget och gick ut ur huset. När jag kom ut på gräsmattan såg jag tillbaka mot huset, och min pappa stod kvar och tittade på sin hand. Min far hade aldrig i hela sitt liv fått höra de orden uttalade till honom, speciellt inte av en man. Min mor hade sagt dem ett tag i början av deras äktenskap men sedan slutat. Nu när mitt mod växte beslutade jag mig för att göra likadant vid nästa besök.

När vi skulle gå höll han ut handen för att skaka min hand och jag tyckte det var lite trevande! Den här gången, istället för att ta hans hand, satte jag min arm innanför hans arm, kramade honom för första gången i mitt liv och viskade "Jag älskar dig pappa" in i hans öra. Han nickade nästan osynligt men det var som att krama ett träd. Varenda muskel i hans kropp var spänd. Efter det passade jag på att säga "Jag älskar dig pappa" vid varje besök.

Tre år senare ringde min far mig en kväll. Det var alltid min mor som brukade ringa och detta var bara andra gången i hela mitt liv som min far ringde till mig. Han sa: "Det spelas en rugbymatch i staden nära dig och jag ska resa dit för att se matchen. Jag undrar om jag kan få sova över hos er?" Sedan la han till: "Det är något jag vill tala med dig om." Min far hade aldrig sovit över hos oss förut. Han hade bara hälsat på en eller två gånger och vi hade nu varit gifta i arton år. Han kom efter matchen och Denise hade lagat en god middag. Vi åt middag och sedan sa han: "Det är något jag vill tala med dig om", så Denise började syssla med annat och lämnade oss ensamma.

Vi satt där hela kvällen men han förmådde inte säga det. Han började prata om det igen och igen. Han sa: "Jag har kommit för det är något jag vill säga till dig, jag vill säga …." Mitt i meningen tittade han på mig, som om han var desperat att få ur sig orden men inte kunde. Då började han prata om rugby igen eller något annat. Det var då han sa till mig: "Jag har aldrig hört de orden talas till mig i hela mitt liv, förutom från din mor." Han sa också: "Som jag förstår det, säger inte män de orden till varandra." En annan gång sa han: "Under krig blir du inte vän med någon, för när de dör, kan du inte göra ditt jobb." Allt detta kom ut när han satt där med mig.

Jag är den yngste i vår familj. Min bror är vetenskapsman och mina stolta föräldrar var med på alla hans examinationer på universitetet. Han var den förste i vår släkt (säkert ända tillbaka till Adam!) som hade en akademisk utbildning. Min syster arbetade på TV och mina föräldrar brukade titta på och läsa eftertexterna på programmen varje torsdag kväll, bara för att se hennes namn. De var mycket stolta över henne. Jag hade den största akademiska potentialen i vår familj men allt jag ville var att bli en hjortjägare, en enstöring och bo uppe i bergen. Jag gjorde inte något av det mina föräldrar önskade och min far var inte stolt över mig. Han tyckte jag hade svikit honom. När jag blev kristen blev det ännu värre. Det blev ytterligare något vi kunde gräla om. Den kvällen när han sov över hos oss efter rugbymatchen, sa han: " Det är något annat jag måste tala med dig om."

Han blev väldigt allvarlig. Det var mycket svårt för honom att tala om dessa saker, men han sa till mig: "Det kan komma en dag när bara din mor eller jag finns kvar i livet", och det var allt han sa. Han såg på mig som om han tänkte: "Snälla, förstå vad jag säger, låt mig inte säga allt!" Jag var chockad över vad han bad mig om. Jag var hans yngste son och den ende som inte uppfyllt hans förväntningar. Allt jag kunde säga var: "Pappa, om det händer att du blir ensam kvar, kan du komma och bo med oss." Jag såg hur hans axlar slappnade av som om en tyngd lyfts bort från honom, men han hade fortfarande inte sagt vad han kommit för att säga.

Timmarna gick och tillslut var det närmare midnatt när han förde det på tal igen. Han sa: "Jag har kommit för att säga detta till dig." Han kom så nära, men kunde inte säga det. Till slut sa han: "Jag vill att du ska veta.." och han tittade på mig med bedjande ögon, "Hjälp mig att säga detta!" Det fanns inget jag kunde göra för att hjälpa honom. Allt jag kunde göra var att sitta och vänta och till slut... Han sa det aldrig men han kom nära. Han tvingade ut orden: "Jag vill att du ska veta att din mor och jag älskar alla er barn." Jag svarade: "Jag älskar dig också pappa". Han nickade med huvudet som för att bekräfta vad han egentligen menat att säga.

"Jag älskar dig, min son!"

Åren gick och min far sa till slut en dag orden "Jag älskar dig, min son!" Det var 2001 och han hade legat på sjukhus i sex eller sju år. På grund av diabetes hade han varit tvungen att amputera sitt högra ben och hans syn var kraftigt försvagad. Han kunde inte titta på TV. Allt han kunde se var ljuset från fönstren, men han kunde inte se vad som hände utanför. Han hade haft flera mindre slaganfall och förlorat sitt korttidsminne, även om långtidsminnet fanns kvar. Jag åkte och hälsade på honom för vi skulle resa bort på en längre tjänsteresa till Europa, och för första gången i mitt liv fick jag möjlighet att ha ett samtal med honom utan att han grälade. Den delen av honom var fullständigt borta.

Jag berättade hur jag som pojke upplevt alla grälen som präglat vår relation. Han bara lyssnade och förstod utan att argumentera. Medan vi pratade sa han tre gånger: "Jag är så ledsen!" Min far hade aldrig någonsin bett om ursäkt till någon. Tre gånger den dagen sa han "Jag älskar dig, min son!" När jag gick ut genom dörren sa han: "Och förresten." Jag vände mig om och han sa: "Du ska veta att jag alltid har älskat dig!"

Jag kommer ihåg att jag åkte till min mammas hus efter jag lämnat honom på sjukhuset och berättade för henne vad vi talat om och vad pappa sagt. Hon sa: "När du brukade slänga igen dörren och gå ut i natten, vet du vad din far gjorde då? Han gick in i sovrummet och låste dörren. Han lät mig inte komma in för han grät."

Något senare var vi i England och slutförde vad som varit en lång serie av möten. Det var det sista mötet och vi bad för den sista gruppen med människor. En av männen i kyrkan kom fram till mig och sa: "James, du har ett telefonsamtal från Nya Zeeland, det är din bror." Jag visste såklart vad det var. Jag hade funderat över vad jag skulle göra om min far dog medan jag var borta. Skulle jag ställa in konferenserna och resa tillbaka? Spelade det verkligen någon roll? Vad skulle jag göra?

Så jag gick och pratade med min bror och han berättade att pappa hade somnat in en halvtimme tidigare och han hade insisterat att jag skulle komma hem och ta hand om begravningen. Jag flög tillbaka till Nya Zeeland medan Denise stannade kvar i England. Begravningen var dagen efter jag kom tillbaka och jag uttryckte min förvåning över att pappa ville jag skulle hålla i den. Han hade alltid sagt emot mig och gett mig intrycket av att han starkt motsatte sig den kristna tron.

Jag kommer ihåg att jag stod framme i kyrkan och talade vid begravningen. Där var ganska mycket folk och när jag tittade runt rummet, funderade jag på om det fanns någon där som genuint älskade min far. Han hade grälat med alla. När jag tittade på kistan bredvid mig, tänkte jag: "Kanske ville han att jag skulle hålla begravningen för honom därför att han visste att jag hade en sons hjärta för honom och att jag är en äkta son till honom."

En sons Hjärta

Det var mitt liv med min far. När jag ser tillbaka, var den mest underbara stunden det ögonblick när jag stoppade brevet i brevlådan. Varför? Därför att när jag släppte kuvertet som innehöll brevet, återupprättade Gud en sons hjärta i mig och det var dörren till att lära känna min himmelske Far.

Jag tror att de flesta av oss har förlorat vårt hjärta som söner gentemot våra jordiska fäder och mödrar. Hur får vi det tillbaka? Vi finner det på den plats vi förlorade det.

Sanningen är att du inte på riktigt kan lära känna Fadern om du inte har en sons eller dotters hjärta. Du kan ta emot en beröring av honom. Du kan ha erfarenhet av hans kärlek. Du kan till och med känna att han med sin kärlek vidrör ditt hjärta och dina känslor. Men du kan inte ha en djup och innerlig relation med honom som Far, om du inte har en sons hjärta. Många människor får ett möte med den himmelske Fadern, men bara de som har en sons eller en dotters hjärta, kan leva i en relation med honom som Far. När du lär känna honom som Far och hans kärlek börjar röra vid och fylla ditt hjärta, kommer denna kärlek över tid att kontinuerligt läka ditt hjärta. Den kärleken kommer gradvis fylla ditt innersta väsen och fylla alla tomrummen inom dig. När alla tomrummen är fyllda, börjar ytan stiga och för dig till en plats där hans kärlek är som ett mäktigt hav du kan simma i.

På grund av att så många av oss har stängt våra hjärtan gentemot våra jordiska fäder och har förlorat våra hjärtan som söner och döttrar, kanske du också behöver skriva ett brev till en eller båda dina föräldrar. Kanske ett telefonsamtal eller ett möte ansikte mot ansikte vore mer passande. Det lämnar jag till dig att avgöra, men det är två saker som jag helt säkert vet. För det första, om du inte har en sons eller dotters hjärta till de föräldrar Gud gav dig, kan du inte ha en äkta relation till Gud som din Far, och du kommer då att gå genom livet fångad i ett föräldralöst tillstånd.

För det andra, om du står i någon form av kristen tjänst, kommer du kontinuerligt komma emot en barriär som hindrar dig att ha en effektiv tjänst, av den enkla anledningen att du först måste få en sons hjärta för att vara lik Jesus. Om du inte har en sons hjärta kommer din kapacitet att tala och agera som Jesus vara begränsad. Hebreerbrevet 1:1 säger: *"Sedan Gud i forna tider många gånger och på många sätt hade talat till fäderna genom profeterna, har han nu i den sista tiden talat till oss genom sin Son"*. Han föredrar fortfarande att tala genom söner! Denna uppenbarelse om Fadern och hans kärlek är avgörande för församlingens framtid, precis som för våra egna individuella liv.

KAPITEL 5

Gud är vår verklige Far

~

Som ung kristen började jag be och fråga Herren om han kunde låta mig se som han ser. Jag ville verkligen förstå livet som Gud ser det. Ordspråksboken 14:6 säger: *"För den kloke kommer kunskapen lätt."* Många människor söker efter kunskap, men om du har insikt är det lätt att få kunskap. Jag ville leva mitt liv så nära Guds perspektiv som möjligt. Att se saker från Guds perspektiv öppnar möjligheten till verklig och varaktig frid i våra liv. Kunskap kan ge förvirring, men när du har insikt och förstår, har du frid eftersom du kan se Guds syfte i allt.

Livets syfte

När jag var tolv år gammal flyttade min familj från den lilla landsort där jag hade växt upp. Jag älskade att bo där och hatade att flytta, men i mitt inre tumult började jag att hungra efter att upptäcka vad livet egentligen handlar om. Jag kommer ihåg att jag gick ut för att titta på stjärnorna en kväll. I mitt huvud hörde jag orden min lärare sagt, att stjärnorna fortsatte utan gräns. Det finns ingen stor tegelmur i slutet av universum. "Även om det fanns" sa han, "vad tror du skulle finnas bakom den?" Det fick mitt unga sinne att få total panik, för jag tänkte att även *om det fanns* något bortom tid och rum, vad kunde finnas bakom det? *Det måste fortsätta i all evighet!*

Jag kommer ihåg att jag frågade mina föräldrar: "Vad är meningen med livet? Vad handlar det om? Vem är vi egentligen och vad gör vi här? Vad betyder det? Varför lever jag? Hur kommer det sig att jag kan tänka och vara vid medvetande?" Som ung pojke var jag uppriven av dessa frågor. En man sa till mig: "Oroa dig inte, när du blir äldre bryr du dig inte så mycket." Det var det mest meningslösa svar jag någonsin hade hört. Det hjälpte mig inte alls. Jag tänkte för mig själv: "Den här mannen har uppenbarligen ställt samma frågor när han var ung och nu är han en gammal man och har *fortfarande* inte hittat svaren." Det hela rörde upp en hel del tumult på insidan av mig. Det är inte lättare att ge uttryck för dessa frågor nu än det var då.

När jag gick i skolan fick jag lära mig att evolutionen är svaret på frågorna. Många av oss har fått lära oss att vi kom till jorden genom en rad slumpmässiga händelser. Det fanns inget syfte bakom det överhuvudtaget. Liv uppstod som en effekt av väderförhållanden kombinerat med mineralers kemiska reaktioner och sakta, ut ur denna serie av slumpmässiga händelser, började människans existens. Tiden går och jorden fortsätter sin bana runt solen och fortsätter snurra runt sin egen axel. Slutligen i framtiden kommer den att sakta ner. Solen kommer mista sin hetta och allt på jorden kommer att dö. I den slutliga analysen blir summan av allt - ingenting.

Med den förklaringen undrade jag vad poängen var med att gå i skolan? Min fråga var: "Varför skulle jag lära mig hur man fick högre lön om enda anledningen var att jag skulle få barn, som ändå skulle ha samma frågor?" Ja, de skulle ha fått utbildning men behövt kämpa för att klara sig ekonomiskt - bara för att i slutet av sina liv inse att ingenting hade någon mening? Och till slut skulle solen kallna och allt försvinna och summan vore att allt varit fullständigt meningslöst! Jag kämpade med att motivera mig själv att uppnå något överhuvudtaget. Jag ifrågasatte andras rätt att tala om för mig vad som var rätt eller fel eller hur jag borde leva mitt liv.

För några år sedan kom en nyhetsrapport som konstaterade att Nya Zeeland (bland alla de utvecklade länderna) hade det högsta antalet självmord bland tonåringar. Plötsligt var TV-skärmarna fulla av människor som ventilerade sina åsikter om denna rapport. Politiker gav intervjuer och vädrade sina synpunkter. Många psykiatriker och psykologer uttalade sig om olika teorier. Jag hävdar inte att min åsikt är mera rätt än deras men jag tror att hopplöshet är nästa steg om tonåringar undervisas om att deras liv är meningslösa och bara en biologisk tillfällighet utan värde. Jag har full förståelse för att unga människor tar livet av sig om de tror att evolutionen är sann. Varför inte få det gjort? Varför vänta på att livet får ett naturligt slut?

VI ÄR ALLA AV GUDS SLÄKT

Det jag vill ta upp nu är något som gett mig oerhörd frid. Det har gett mig en oöverträffad kapacitet att ha frid i mitt hjärta angående de saker jag möter i livet. Alltefter som åren har gått har jag mer och mer börjat förstå och se saker från ett helt annat perspektiv. Det fanns en tid i mitt liv när det kändes som om jag hade full förståelse av evangeliets betydelse. Det verkade helt logiskt. När jag såg på mitt eget liv fanns det dock en stor lucka i trovärdigheten. Jag insåg att min auktoritet och kraft var för bristfällig för att verkligen kunna välsigna dem jag kom i kontakt med. Om jag hade rätt evangelium, varför skedde det inte mer? Varför såg jag inte frukt och den effektivitet som fanns i Jesu liv? Jag tillbringade tid ensam med Herren. Jag la ner allt jag någonsin lärt mig, bad honom rena mitt synsätt och öppna mitt hjärta för att kunna lära mig mer. Jag bad att de sanningar som jag hade tagit till mig skulle sållas genom hans kärlek och perspektiv. Självklart började han lära mig så mycket mer.

En av de saker som bidrog till att förvandla min förståelse var att läsa Paulus svar till filosoferna i Aten i Apostlagärningarna kapitel 17. Om du förstår det jag skriver om i detta kapitel kommer det att göra en otrolig skillnad hur du lever ditt liv och upplever din relation med Gud. När du läser igenom texten, lägg märke till att det inte fanns en enda kristen bland dem som lyssnade på Paulus. I sin predikan sa Paulus:

"Gud är den som har skapat världen och allt som är i den. Han som är Herre över himmel och jord bor inte i tempel som är gjorda av människohand. Inte heller låter han betjäna sig av människohänder som om han behövde något, han som åt alla ger liv och anda och allt. Och han har av en enda människa skapat alla människor och folk, för att de ska bo över hela jorden." (Apg 17:24-26a)

Detta är ett väldigt intressant uttalande: *"av en enda människa har han skapat alla människor och folk, till att bo över hela jorden."* Att befolka hela jorden var faktiskt ett uppdrag från Eden. Mänskligheten var ämnad att sprida ut sig och befolka hela jorden. Sedan fortsatte aposteln:

"Han har fastställt bestämda tider och utstakat de gränser inom vilka de ska bo." (v.26b)

Låt mig göra en kort kommentar här. Detta är inte min huvudpoäng men jag tycker att det är ett intressant uttalande som Paulus gör. Gud förutbestämde tiden för vår födelse och platsen där vi skulle födas. Vi kommer från olika nationer och kulturer. De som grundade eller befolkade nationerna gjorde det nödvändigtvis inte för att göra

Guds vilja, men mitt i allt var tiden och platsen för vår födelse en del av hans plan för hela mänskligheten. Det är inget misstag att jag är Nya Zeeländare och att du har den nationalitet du har. Det är inget misstag därför att det var Gud som bestämde tiden och den exakta platsen där du skulle bo. Han gjorde detta för att mänskligheten skulle söka honom.

Därefter gör Paulus ett annat mycket intressant uttalande där han citerar en sekulär grekisk poet. Du måste förstå att Paulus hade ett briljant intellekt. Som student satt han vid Gamaliels fötter, som var den främste läraren av den speciella sekt av fariséer som de tillhörde. Paulus var bland de bästa studenterna vid den tiden. Han berättade att han överträffade de andra i sin klass. (Gal 1:14) På ett annan ställe (2 Kor 11:5) säger han att han *"inte är underlägsen"* någon. Han växte upp i staden Tarsus som var en av Romarrikets universitetsstäder. Utan tvekan hade han nått toppen av religös utbildning och kunskap.

När han var tolv år gammal hade han memorerat stora delar av de fem Moseböckerna. Det var vad man normalt förväntade sig av en judisk pojke på den platsen. Han var en begåvad ung man och jag tror (eftersom han växte upp i en universitetsstad) att han och hans familj hade erfarenhet av de olika kulturerna i det Romerska riket. Han hade med all säkerhet kunskap om den grekiska kulturen, vilken dominerade vid den tiden. Sannolikt hade han lärt sig en grekisk dikt (Aratus var en poet som levt i hans hemstad Tarsus) som han kunde citera. I detta stycke talar Paulus till en grupp greker som var de ledande filosoferna i staden Aten. Vi vet att Atenarna var mycket noga med att inte förolämpa någon av gudarna. De var väldigt religiösa i sin filosofi och ville försäkra sig om detta. Därför byggde de ett altare för att ära *"den okände guden."*

Dessa filosofer hörde att Paulus predikade i staden och de bad honom komma och tala till dem. Medan han talade till dem citerade han denne specielle grekiske poet. Det roar mig att en grekisk poet åtminstone har en strof av sin dikt nedskriven i Bibeln. Jag är säker på att han inte insåg att han skrev bibeltext när han skrev sin vers. Dessutom uttalade Paulus det som sanning, att det faktiskt var Guds vishet. Det är inspirerad skrift och på det viset utandad av Guds Ande. Någonstans på vägen andades Gud på vad den grekiske poeten hade skrivit och Paulus använde det för att vinna över de grekiska filosoferna. Han sa:

"Ty i honom (syftande på den judiska Guden) *är det vi lever, rör oss och är till, så som även några av era egna skalder har sagt: Vi är av hans släkt."*

I vers 29 fortsätter han: *"Därför att vi är Guds avkomma..."* (direkt översatt från engelskan).

Jag hade läst det här stycket många gånger innan jag verkligen lade märke till detta. När jag såg det blev det ett dilemma för mig eftersom Paulus talade till *enbart ickekristna* åhörare, och sa till dem: "vi är Guds avkomma, vi är Guds barn." Jag hade fått lära mig att jag blev Guds barn när jag *blev kristen*. Att jag blev hans barn i det ögonblick jag blev född på nytt, och om jag inte var född på nytt kunde jag inte komma in i Guds rike. Och det är absolut sant. När jag läste detta hade jag problem med det därför att Paulus sa till dessa grekiska filosofer: "eftersom vi är Guds barn, eftersom vi är hans avkomma, eftersom vi kommit från honom, eftersom vi är hans barn..." Mitt problem var att jag inte kunde förstå hur Paulus kunde säga att dessa icke kristna greker kunde vara Guds barn!

Vid denna punkt vill jag påpeka mycket tydligt att vi aldrig kan få uppleva någon av fördelarna av att vara Guds barn om vi inte är födda på nytt. Det är absolut och det är ingen diskussion om detta. Men det måste finnas något mer i vad Paulus säger här för att detta ska vara inspirerad skrift och för att det ska vara sant. Jag fick alltid höra att innan jag var en kristen vandrade jag i mörker. De sa faktiskt till mig att Satan var min far eftersom jag vandrade på hans vägar. Men Paulus konstaterar här att vi *alla, även* dem som inte är "födda på nytt", är Guds avkomma. Detta överraskade mig därför att jag alltid fått lära mig att vi är födda av Guds Ande och att vara född av Guds Ande är vår ingång till att bli Guds barn. Paulus sa något annat här som inte låter som konventionell kristen doktrin. Det låter faktiskt som en form av universalism. Så jag försökte förstå detta och Herren började ge mig lite insikt.

Det är avgörande att förstå en sak angående detta. När Gud skapade Adam och Eva i Edens lustgård var hans syfte för dem att de *inte* skulle synda. Teologer har argumenterat om detta i århundraden. Visste Gud i förväg att Adam och Eva skulle synda eller ej? Det finns inget konsensus om detta alls. Men det vi vet är att Guds plan för Adam och Eva var en *verklig* plan. Hans syfte var att de *inte* skulle synda. För att vi ska förstå denna fråga - om att varje människa i världen är ett Guds barn, måste vi förstå meningen med ordet *återlösning*.

ÅTERLÖSNING

Det som ordet *återlösning* verkligen betyder är *"att köpa tillbaka - återköp."*

Jag har på mig en klocka som jag har fått i julklapp. Den köptes åt mig så jag kan aldrig säga att klockan varit återköpt. Den var köpt men inte återköpt. När Jesus köpte oss med ett pris köpte han oss *tillbaka*, det vill säga han *återlöste* oss. Att köpa min klocka kan aldrig beskrivas med återköp av en enda orsak. Du kan *bara* återköpa/återlösa något som du tidigare har ägt. Den återlösning som Jesus utförde genom sin död på korset innebar därför att han köpte tillbaka det som Gud tidigare hade ägt. Jesus köpte oss inte - han *återköpte* oss!

Kristendom kan bara beskrivas med termen återlösning när vi förstår att vi i själva verket tillhörde Gud *innan* vi var syndare. Den tillhörigheten började inte i vår livstid utan med våra förfäder Adam och Eva. När de vandrade på jorden fanns var och en av oss i dem, för vi kommer alla från dem. Hela mänskligheten rymdes i Adam och Eva och tillhörde Gud innan syndafallet. Vad var Guds syfte för oss? Hans syfte var att Adam och Eva aldrig skulle synda utan fortsätta uppfylla jorden som han hade befallt dem. De skulle föröka sig, uppfylla jorden och lägga den under sig. Detta var Guds uppdrag för dem att utföra. Hans syfte var (och det var en riktig plan) att mänskligheten skulle uppfylla jorden utan att Adam eller Eva eller någon annan någonsin skulle synda.

ORGINALPLANEN

Tänk dig hur världen skulle ha sett ut om Adam och Eva aldrig hade syndat. Kan du tänka dig hur ditt liv skulle vara? Det skulle vara väldigt annorlunda än hur du har upplevt det. Om Adam och Eva aldrig hade syndat skulle de fortfarande vara i livet! Du skulle kunna gå till deras hus och knacka på dörren och Adam skulle öppna och bjuda in dig. De skulle ha levt länge vid det här laget men fortfarande vara i sin bästa ålder. Jag tror att om Adam kom in i ett rum idag skulle alla närvarande omedelbart falla ned inför honom och tillbe. På grund av hans utseende skulle vi tro att han var Gud därför att Adam var skapad till Guds avbild.

Om inte synd och död hade inträtt skulle Adam och Eva sett rakt in i Guds ansikte varje dag i tusentals år. Det skulle inte vara en begränsad uppenbarelse utan de skulle se på uppenbarelsen av *allt* vad Gud är. När Moses gick upp på berget och kom tillbaka ned var hans ansikte så fyllt av Guds härlighet att stor fruktan kom över folket. Han var tvungen att dölja sitt ansikte med en slöja för att de skulle klara av att hantera hur han såg ut efter bara fyrtio dagar på berget. Adam och Eva skulle ha vandrat med Gud i *tusentals* år. Varje människa som någonsin fötts skulle också fortfarande vara i livet. Det innebär dina föräldrar, mor och farföräldrar, gammelföräldrar och alla innan dess! Varje enskild människa skulle fortfarande leva för det skulle inte finnas någon död.

Döden är en mycket svårhanterlig sak för oss därför att vi inte är skapade att hantera den. Varje form av förkastelse, ensamhet eller trauma är svårt för oss, därför att vi inte har någon inbyggd resurs inom oss att klara av detta. Vi var inte designade för världen som den ser ut idag. Vi var designade för den värld där Adam och Eva aldrig hade syndat.

Fundera på en annan mer omfattande skillnad. Varje enskild människa som du någonsin kommit i kontakt med genom hela ditt liv skulle enbart uttryckt absolut kärlek, acceptans och förundran till dig. De skulle vara fyllda av en känsla hur häpnadsväckande vacker du är och hur spännande det är att umgås med dig. De skulle fira de oerhörda gåvor och resurser som kommit till jorden genom dig. När vi föddes in i världen skulle välkomnandet av var och en av oss vara helt livsbejakande och ha en oerhörd effekt på oss.

Vi kan omöjligt föreställa oss den känsla av glädje vi skulle ha upplevt om Adam och Eva aldrig hade syndat. Det är svårt för oss att fatta men *detta är* det liv Gud designat för oss att leva. Föreställ dig hur det var för Adam att bli formad som en vuxen människa med alla sina resurser; själ, känslor, hjärta och vilja, men även med den fulla förmågan att förstå och tänka. Hans skulle ha ett mycket högre intellekt än vad någon av oss har. Enligt vetenskapen använder vi bara tio procent av hjärnans kapacitet. Adam skulle ha haft hundra procent av sin mentala och intellektuella kapacitet. Han kom till denna värld och fick omedelbart uppleva Guds totala kärlek överöst in i sin varelse utan några hinder.

Själva stunden när han kom till liv måste ha varit mättad av en känsla av hur underbar och älskad han var. Han skulle ha sett rakt in i Faderns ögon så snart han kom till medvetande. När Adam öppnade sina ögon, vilka är själens fönster, och såg in i Guds Faderns ansikte skulle hans själ fyllts av Faderns person. Gud *är* kärlek och hans syfte var att varje son och dotter av Adam och Eva skulle fyllas av samma kärlek, samma uppenbarelse, samma substans varje dag av deras liv genom hela historien och evigheten.

Detta var den existens vi var utformade för. *Vi var designade så att vår naturliga födelse skulle vara vår ingång till den totala upplevelsen av Gud som vår Far.* Vår naturliga födelse skulle föra oss in i välsignelsen av att känna Gud som Far och vara hans söner och döttrar. Det skulle inte finnas något ord för *trygghet* för vi skulle aldrig haft en medveten förmåga att känna något annat än total frid och trygghet. Begreppet fruktan skulle inte finnas.

Din mor och far skulle inte ha varit de människor som du upplevt dem vara. De skulle ha uppfostrat dig väldigt annorlunda. Deras föräldrar (dina mor- och farföräldrar) skulle ha varit så mättade av Faderns kärlek att deras kärlek för dina föräldrar skulle ha varit ett perfekt uttryck av Gud själv och långt mer än något du någonsin har upplevt. Låt mig upprepa det en gång till. *Vår naturliga födelse skulle ha varit vår ingång in i all välsignelse av Gud som vår Far.* Vi skulle känna hans närvaro, hans försörjning, hans kärlek, hans omsorg, hans ledning och alla välsignelser i hans hjärta för oss.

En andra födelse

Men som vi alla vet så väl *syndade* Adam och Eva. Eftersom de syndade behövde Gud planera *en andra födelse* för att kunna föra oss in i kunskapen om hans kärlek för oss som Far och upplevelsen av honom som Far. När han sände Jesus att dö för oss öppnade Fadern en dörr. Jesus blev den dörren. Jesus öppnade inte dörren - han *är* dörren!

Gud Fadern öppnade dörren för oss att komma tillbaka till honom, att bli *återköpta,* så att vi åter igen kunde ha tillgång till allt Adam och Eva hade förlorat. *Det är vad det innebär att bli återlöst!* Hela Guds syfte med att sända sin Son till jorden var att *återlösa* allt som hade gått förlorat när Adam och Eva syndade. Faktum är att han har återlöst *mer* än vad som förlorades. Istället för att vara Guds söner och döttrar som Adam har vi i Kristus blivit del av livet av Gud själv. Så underbart! När vi föds på nytt är det för att vi ska lära känna honom som Far på samma sätt som Adam och Eva skulle känt honom om inte fallet skett. När vi ser detta ger det oss en glimt av vad det verkligen innebär att vara en kristen. Det ger oss en insikt in i vad Gud har bestämt och hur han verkar i våra liv.

Den fulla förståelsen av återlösning är absolut nödvändig för att kunna betjäna andra människor effektivt. Guds ultimata syfte är att återupprätta ditt och mitt liv *till vad det skulle ha varit om Adam och Eva aldrig hade syndat.* Detta är syftet med korset och återlösningen och meningen med att bli en kristen. Syftet med *allt* Gud gör i våra liv är att återupprätta oss till Adam och Evas ursprungliga syndfria tillstånd. Det är viktigt att vi mediterar över vad livet skulle innebära för oss och hur vi skulle uppleva oss själva om vi fötts in i den världen. Gud vill att vi ska känna hans kärlek för oss därför att kärleken bygger en djup grund i oss som ger vår själ en absolut trygghet.

När du vet att Gud älskar dig finns det inte längre en kamp att tro på att Gud är din försörjare. Vi strävar ofta efter att ha tro för att han tar hand om våra materiella behov. Du kan stå på Guds löften och du kan tro Gud med all din styrka. Du kan tala ut positiva bekännelser och upprepa personlig uppbyggelse för att få in denna sanning i dig. Men om du *inte* verkligen vet i ditt hjärta att Gud Fadern älskar dig kommer du ha stora svårigheter att hålla fast vid att han har omsorg om dig. Kärleken är grunden till tro, faktum är att kärleken är grunden *till allt* i vårt kristna liv. Allt handlar om att uppleva och vandra i Guds Faderns kärlek.

Många människor beskriver att vägen till att bli lik Gud är att tillägna sig detta genom att konstant citera sanna uttalanden till sig själva. Du kommer aldrig att bli övertygad på det sättet. Men när hans kärlek fyller din ande och du *vet* att han älskar dig, blir Bibeln en annan bok. Vi var utvalda innan grunden till vår jord blev lagd. Vi valde inte honom utan han utvalde oss till att leva ett fantastiskt liv som redan har startat! *Detta är* evighet för oss, just nu! Syftet, planen, den riktning Gud har för våra liv, är att återlösa oss så att våra liv blir allt han planerade de skulle vara *innan* fallet. Det förlorade paradiset har återvunnits i Kristus!

HAN SKAPADE DIG

Profeten Jeremia skriver:

"Innan jag formade dig i moderlivet utvalde (eng. kände) jag dig, och innan du kom fram ur modersskötet helgade jag dig. Jag satte dig till en profet för folken." (Jeremia 1:5)

Vi kan inte anta utifrån dessa ord att vi *alla* är utvalda till att vara profeter till nationerna. På ett generellt sätt är det sant och det kan vara specifikt för några, som det var för Jeremia. Men jag tror att den första delen av versen är relevant för alla eftersom den talar om Jeremias skapelse. *"Innan jag formade dig i moderlivet kände jag dig."* Jag hade verkligen problem att förstå detta. *Vad* menade Herren? *Hur* kunde han känna Jeremia innan han fanns i sin mors mage? Om man ser från en rent biologisk synvinkel existerade Jeremia faktiskt inte innan han var i moderlivet. Detta betyder inte heller reinkarnation! Reinkarnation är inte en del av den bibliska förståelsen av mänskligt liv. Så hur kunde Herren känna Jeremia innan han var i hans mors mage? Och tro inget annat, han *kände verkligen* Jeremia!

Det finns bara ett sätt som detta uttalande skulle kunna vara sant. Långt tillbaka i tiden innan Jeremia låg i sin mors mage, skapade Gud i sitt sinne den person Jeremia skulle bli. Han designade Jeremias hela varelse: hans fysiska kropp, hans mentala kapacitet, hans känsloliv och andliga egenskaper och hans gåvor och talanger. Gud kunde säga långt innan Jeremia fanns i moderlivet: "Jag vet exakt vem denna person kommer att bli."

Kära läsare, jag tror att detta gäller för var och en av oss. Långt tillbaka i tiden skapade Gud *dig* i sitt hjärta och sinne. Han gjorde dig till den unika person du är, med de specifika naturliga förmågor du har. Din mor och far visste troligtvis inte om du var en pojke eller en flicka men *han* kände dig ända in i minsta detalj. Han visste hur lång du skulle bli, hur tung du skulle bli (plus/minus några kg) och färgen på ditt hår.. Han gav dig din personlighet och dina talanger. Han gav var och en av oss vissa förmågor som andra inte har. Han begränsade dig inom vissa förmågor. Han designade *exakt* den människa som du skulle bli. Han kände dig. Du måste förstå att han är din *sanne* Far därför att *han* skapade dig i sitt hjärta och sinne innan du befruktades i det naturliga.

Ännu mer fantastiskt är det att han skapade varenda en av oss i kärlek, därför att han *är* kärlek. Med andra ord, när han beslutade att skapa dig tänkte han i sitt sinne: "Hur kan jag göra denna person absolut underbar?" *Han designade var och en av oss i total kärlek.* En del människor upplever sig som ett misstag och att de inte skulle ha blivit födda alls. Detta är mycket personligt för mig. Min mor sa till mig: "När din pappa och jag gifte oss ville vi gärna ha en liten pojke först så när din bror föddes var vi verkligen glada. Sedan tänkte vi att det skulle vara underbart med en liten flicka, och din syster kom. Vi var så nöjda och bestämde oss för att vi inte skulle ha flera barn." Hon fortsatte: "Sedan upptäckte vi att du var på väg." Hon pausade och sa: "Men när *du* kom förde du med dig din egen kärlek." Med andra ord: "Under nio månader ville vi egentligen inte ha dig!"

Många människor har haft liknande upplevelser och de känner ständigt att de inte borde finnas här på jorden. Kanske *tvingades* deras föräldrar att gifta sig på grund av graviditeten och som konsekvens av detta har de känt sig som ett problem sedan dess. Den underbara verkligheten är denna, Gud vår Far skapade var och en av oss i sin kärlek innan vi fanns i vår mammas mage. Du är en kärleksfrukt av din sanne Far! Det finns ingen som kan kallas ett oäkta barn. Det finns bara oäkta föräldrar eftersom alla barn som någonsin kommit till världen är älskade och önskade av Gud vår Far. Det var därför han kunde säga via Anden och genom Paulus i Apostlagärningarna att vi alla (kristna eller ej) är hans avkomma. Han kunde säga detta därför att i hans originalplan för människan designade han oss alla.

Jag har ofta undrat: "När exakt var det han utformade mig? Var det bara fem minuter innan jag blev till i befruktningen?" Blev han överraskad och sa: "O nej, här kommer en till! Snabbt, skapa en till!" För hur länge sedan skapade han mig egentligen? Var det år? Jag tror faktiskt att han designade varenda en av oss innan han ens skapat en enda atom i universum. Han var inte *ute efter ett universum utan han ville ha en familj!* Hans syfte var inte att bara ha denna underbara skapelse, utan han skapade en omgivning för oss att leva i. Vi tittar upp mot stjärnorna och tänker att de fortsätter i evighet. Vet du varför han skapade det så? Inte för att vi skulle bli överväldigade eller förtvivla över vår existens, utan för att vi skulle kunna skåda dem och säga "wow!" För att allt i oss skulle fyllas av förundran inför honom. Han skapade universum för att ge oss ett intryck av den typ av Far vi verkligen har. Är han inte fantastisk?

Skapade i hans avbild

Många människor går genom livet och känner det som om de inte hör hemma någonstans och att de inte borde ha fötts. En del människor känner sig så mycket som inkräktare att de inte ens känner sig hemma i sitt eget hem. De tillbringar hela sitt liv att arbeta och betala av huslån så de kan äga sitt eget hem, men när de till slut får kvittot på ägarskapet lever de fortfarande som om de inte skulle finnas på jorden. Men den enkla sanningen är att vi är vår himmelske Faders barn.

För länge sedan bestämde han sig för att han ville ha dig. *Den dag du kom in i världen var en dag han hade sett fram emot under tusentals år.* Det enda som fläckade den för honom var att han, på grund av fallet, visste att din naturliga födelse inte skulle medföra all den välsignelse du skulle ha haft med honom som din Far. Han älskar oss fortfarande som en Far, men om vi inte föds på nytt kommer vi aldrig att uppleva några av fördelarna av att han faktiskt *är* vår Far.

Låt oss också titta på Psalm 139:16. Den engelska New International Version uttrycker det så här:

"Dina ögon såg min oformade kropp" (direkt översatt från engelskan).

För länge sedan, innan din kropp formades i din mammas livmoder såg Gud den. Han visste hur din fysiska kropp skulle se ut innan världen skapades. Du är inte resultatet av evolution och därigenom ett slumpmässigt resultat i naturen utan syfte eller orsak att existera. Dina föräldrar visste inte om du skulle bli en flicka eller pojke eller åtminstone kunde de inte bestämma vilket du skulle bli. Men för länge sedan, när Gud bestämde dina dagar och de exakta platser där du skulle leva visste *han* hur du skulle se ut.

Jag förstår att en del människor föds med fysiska missbildningar som blindhet, dövhet och värre. På något sätt, när mänskligheten öppnade dörren till synd och sårbarhet och till satans nedbrytande förmåga, har dessa ting tillåtits att hända. En del orsakas av mänskliga misstag inom läkemedelsindustrin och kanske kommer vi att förstå fler av dessa orsaker som kan påverka ett foster i framtiden.

Sanningen är att innan du var i din mammas mage, visste Gud hur din fysiska kropp skulle se ut och han säger att vi är underbart skapade.

Vår dotter var under tio års tid en internationell modell. Jag har alltid tyckt hon var vacker även när hon klev upp på morgonen. Jag minns att jag frågade en gång: "Dessa supermodeller, tycker de själva att de är vackra?" och hon svarade: "Inte en enda av dem." Varenda en skulle säga att det fanns något de inte var nöjda med. Deras knän var för knöliga, näsan för stor eller ögonen för små. Detta demonstrerar den naturliga känslan av att något har stulits från Guds underbara skapelse i oss.

Han som är skönheten själv kan inte skapa något fult. Hjärtat av en konstnär uttrycks genom hans målningar och det finns ingen vackrare än Gud själv. Därför när han skapade dig och mig var det ett uttryck av hans egen natur. Han skapade oss vackra. Många människor lever hela sina liv och känner att de inte är tillräckligt bra för offentlig granskning, de klarar aldrig riktigt att synas inför andra. De känner en djup känsla av inre skam och blygsel. De döljer sig själva med slöjor som separerar dem från andra därför att de inte tycker att de är accepterade på grund av deras utseende, intressen och livsstil. Gud skapade varenda en av oss och han skapade varje aspekt av vår varelse.

Många människor känner till att Gud skapade mannen i sin avbild, men tror att kvinnan på något vis bara kastades in för att hjälpa till. Att hon skapades till att slava och arbeta bredvid mannen. Vad de inte inser är att kvinnan *också* skapades till Guds avbild. De inser inte att femininitet och kvinnlighet också är ett uttryck av Guds natur, liksom manlighet är. Det feminina är också ett uttryck för hur Gud är. Jag känner en kvinna som inte har några speglar i sitt hus därför att hon är övertygad om att hon är ful, och att se sig själv i en spegel verkar förstärka den uppfattningen. Faktum är att Gud aldrig skapat något fult. Om människor inte kan se din skönhet visar det bara på skillnaden mellan dem och Gud, för han tycker att du är vacker, och jag är också vacker!

På något sätt har denna Hollywood och kändiskultur presenterat ett skönhetsideal som ingen någonsin kan uppnå. Det stjäl en del av självförtroendet för vårt utseende. Uttryck som "Om ladan behöver målas, låt oss måla den." Jag har inget emot make-up. När jag har blivit intervjuad i TV sa de att jag var tvungen att ha make-up. Första gången det hände kunde jag inte tro det! Jag fick tvätta mig länge för att få bort det. Det enkla faktumet är att Gud skapade dig vacker och om människor inte kan se det är det deras problem, inte ditt!

Gud är den som känner mig bäst och han är den som älskar mig mest. Han vet om alla mina misstag och ändå älskar han mig totalt. Vi kan inte säga: "Jag älskar inte den personen för att den har så många fel." När vi inte kan älska någon eller inte kan uttrycka kärlek till andra, framhäver det skillnaden mellan Gud och oss. Gud vår Far avlade var och en av oss i sitt sinne och i sin kärlek och han skapade oss till att vara totalt älskliga. *Han är vår riktige Far och har alltid varit vår riktige Far!*

Du har bara varit utlånad till dina föräldrar. De visste ingenting om dig, men det gjorde han. Han utformade unika egenskaper i varenda mänsklig individ. Han designade allt om oss. Han är vår riktige Far och om vi tar emot Kristus och vandrar i hans liv kommer vi att känna vår himmelske Far resten av evigheten.

GUD ÄR VÅR VERKLIGE FAR

Upprättade till att vara söner och döttrar

När vi talar om att Gud är vår Far eller om att ta emot Faderns kärlek, talar vi inte bara om att Gud kommit in i våra liv och låtit oss uppleva en beröring av hans kärlek, en kärlek som läker våra känslomässiga sår. Dessa saker händer men vad det slutligen handlar om är att Gud upprättar oss till att vara hans söner och döttrar. Han återlöser oss så att vi kan lära känna honom på samma sätt som Adam kände honom, och till och med så som Jesus kände honom.

Det är Gud vår Faders intention att vi skall komma till honom och vandra med honom i evighet som söner i gensvar till den han är. Det är dit han för oss. För mig är detta den mest spännande konsekvensen av att förstå att Gud är min Far. Att veta säkert att jag har blivit designad av min himmelske Far och att jag är hans son. Från evighet till evighet är jag hans son. Jag är såklart inte Jesus men den underbara sanningen är att "i Kristus" har Gud blivit *min* Far och jag hans son, nu och för evigt. Han har alltid tänkt att det skulle vara på det viset. Han var tvungen att återlösa mig på grund av det som hände i lustgården, men jag var alltid hans son och kommer alltid att vara det.

Fadern har väntat i tusentals år på det ögonblick du kom in i världen. När du föddes firade han det för han kände dig långt innan du var i din mammas mage. Han har väntat på den dagen när din ande till slut skulle ta emot uppenbarelsen att han är din *sanne* Far. Och likt varje förälder som väntar på den dag när deras barn säger "Pappa!" för första gången, har Gud din Far väntat i tusentals år för att du ska titta upp och se honom och från djupet av ditt hjärta ropa "Pappa!"

KAPITEL 6

Den föräldralösa anden

~

Jag hörde termen "den föräldralösa anden" första gången när jag talade på en konferens i Toronto 2002. I mitt inre hörde jag Herren säga det en kvart innan jag skulle predika. Jag öppnade snabbt min Bibel och en vers jag hade läst många gånger förut träffade mig och allt förändrades. Jag gick upp till podiet och hela budskapet klarnade medan jag talade. Jag visste inte hur mitt budskap skulle utvecklas men denna vers hade plötsligt öppnats för mig. Sedan dess har detta blivit en av våra mest välkända budskap i hela uppenbarelsen om Fadern. Jag skulle till och med kunna säga att det har blivit det främsta budskapet och det lägger grunden för det paradigm vi undervisar utifrån.

Den vers som träffade mig var från Johannes 14 när Jesus talade mot slutet av sitt liv, cirka en vecka innan han blev korsfäst. Jack Winter sa en gång att de sista ord en man talar är troligen bland de viktigaste han någonsin kommer att säga. När jag läste den speciella versen i Toronto den dagen kändes det som om tyngdlagen ändrades och jorden flyttades. Mitt kristna liv har aldrig varit detsamma sedan dess. Jag har fått många uppenbarelser men denna har på ett signifikant sätt förändrat mitt perspektiv och hur jag lever mitt eget liv. Med min bakgrund av karismatisk teologi såg jag plötsligt Fadern från ett perspektiv jag aldrig hade sett förut.

En besynnerlig liten vers

Jag vill ge dig lite bakgrund innan jag berättar vilken vers det gäller. Johannesevangeliet var den första bok i Bibeln jag någonsin läste. Det innebär att jag har läst denna vers många gånger förut men inte sett signifikansen av den. Jag tyckte faktiskt det var en besynnerlig liten vers som jag inte riktigt förstod. Det innehöll ett ord som inte används någon annanstans i boken och endast på ett annat ställe i hela Nya Testamentet. Men under det mötet i Toronto lystes den plötsligt upp och allt förändrades. Gud öppnade min förståelse för något jag aldrig hade sett förut.

Låt mig förklara varför det påverkade mig så starkt. När jag gick på bibelskola fick vi nyckelverser för varje kapitel i Johannesevangeliet. Genom att memorera ett ord kunde vi genom det komma ihåg vad hela kapitlet handlade om. Det finns en speciell vers som är nyckeln till att förstå hela Johannesevangeliet. I den versen (Joh 20:31) står det: *"Men dessa (tecken) har blivit nedskrivna, för att ni ska tro att Jesus är Messias, Guds Son, och för att ni genom tron skall ha liv i hans namn."* Det var tydligt för mig men när Herren öppnade mina ögon för versen i Johannes kapitel 14 insåg jag att denna vers kunde vara nyckeln *till hela Nya Testamentet, kanske till och med till hela Bibeln!* Det är underbart när "en liten besynnerlig vers" plötsligt får en oerhörd betydelse.

Denna vers som förändrade allt för mig är Johannes 14:18. Det är en enkel liten vers men den innefattar så mycket. Jesus sa det och Johannes skrev ned det:

"Jag skall inte lämna er faderlösa, jag skall komma till er"

När jag långsamt insåg denna sanning kände jag för första gången i mitt liv att jag började förstå mänsklighetens mest grundläggande problem. Det gäller inte bara de saker vi kämpar med individuellt utan också de problem vi har i relation med varandra. Det gäller de grundläggande problem som finns i församlingen, friktionen mellan samfunden, familjekonflikter och till och med krigen mellan nationerna. Jag såg plötsligt roten till mänsklighetens kamp på jorden genom historien. Det var ett totalt paradigmskifte.

Någon sa en gång: "James, du verkar tro att Faderns kärlek är lösningen på alla problem för mänskligheten." Ja, jag tror det av hela mitt hjärta, därför att varje problem har sitt ursprung i det faktum att Adam och Eva förlorade sin plats i Eden. De förlorade erfarenheten av att vara älskad av sin himmelske Far! När detta hände fjärmade sig mänskligheten från Guds allomfattande omsorg och försörjning och från den förtroliga gemenskapen med honom.

När Jesus sa: *"Jag skall inte lämna er faderlösa, jag skall komma till er"* vad var det han exakt talade om?

VI ÄR ALLA FADERLÖSA

Jag vill först säga att dessa ord inte ursprungligen kom från Jesu hjärta eller sinne. Han talade ut dem, men de kom inte från *hans* tankesätt eller teologi. De kom från hans Far. Jesus sa: *"De ord jag talar är inte mina ord utan jag talar bara vad min Far sagt att jag ska tala, och jag talar på det sätt som han sagt att jag ska tala."* (eng.översättning) (Joh 12:49-50b). Dessa ord kom från Faderns hjärta.

När Jesus uttalade orden "Jag skall inte lämna er faderlösa" måste du förstå att han inte befann sig på ett barnhem! Majoriteten av människorna som lyssnade skulle inte ha varit föräldralösa i det naturliga. Vi vet att Petrus och Andreas var där. De hade fiskat med sin far när Jesus kallade dem så vi vet att de hade en far. Jakob och Johannes hade också en far, de var Sebedeus söner (de var kända som åskans söner). Vi vet att deras mor levde för hon kom till Jesus och frågade om hennes söner kunde sitta på hans högra och vänstra sida i det kommande riket. Hon var en efterföljare till Jesus och trodde att han var Messias. Hon älskade uppenbarligen sina söner och ville deras bästa. Så det står klart och tydligt att de inte var föräldralösa.

Endast en liten procent av den dagens åhörare skulle kunnat ha varit föräldralösa och ändå är Faderns ord till dem "Jag skall inte lämna er faderlösa, jag skall komma till er." Detta är Guds ord till oss som genom tidsåldrarna har blivit nedtecknat för alltid.

Vår slutsats blir därför att *Fadern ser hela mänskligheten som faderlös. Han ser oss alla som faderlösa.*

DEN URSPRUNGLIGA FADERLÖSA ANDEN

Varför ser Gud hela mänskligheten som faderlös? För att förstå denna världsbild, att hela världen är i ett tillstånd av faderlöshet, måste vi gå tillbaka till dess ursprung. Låt oss se på Jesaja kapitel 14 som drar undan ridån och ger oss en glimt av vad som hände innan mänskligheten blev skapad. Detta är en profetia som profeten Jesaja gav till kungen i Babylon och den var då ett ord för den tiden. Men många profetior har mer än en tillämpning och kan ofta tolkas på många nivåer.

Från vers 12 och framåt är det tydligt att där finns en annan tillämpning som sträcker sig mycket längre tillbaka i tiden än när Jesaja och kungen i Babylon levde. I några bibelöversättningar har man satt rubriken *"Lucifers fall"* över detta stycke. Många teologer tror att detta handlar om Satans ursprung.

Det börjar med: *"Hur har du inte fallit från himmelen du strålande stjärna, du gryningens son! Hur har du inte blivit fälld till jorden, du som slog ner folken till marken? Du sade i ditt hjärta..."* Därefter följer fem uttalanden som börjar med orden "jag ska". Vi ser att Lucifers fall började när han bestämde sig i sitt hjärta: "Jag ska göra dessa saker."

"Jag ska stiga upp till himlen, jag ska resa min tron ovanför Guds stjärnor, jag ska sätta mig på mötesberget längst uppe i norr..." (Jesaja 14:13).

Jag är inte helt säker på vad detta betyder men jag förstår uttalandet *"jag ska."* Han sa: *"Jag ska stiga upp över molnens höjder"* och hans sista ambition var att *"Jag ska bli som den Högste."* Ambitionen som reste sig i Lucifers hjärta var att ersätta Gud den Allsmäktige, att ta hans plats och att till sist bli lik Honom. Han sa inte: "Jag ska stå sida vid sida med Gud" utan *"Jag ska bli som Honom!"* Satans ambition var inte att likna Gud utan *att ersätta* honom! Om detta hade hänt skulle Satan själv varit den ultimata auktoriteten i hela universum.

Jag tror att denna ambition fortsatte att växa i Lucifer till den punkt när han verkligen trodde att han hade lyckats när Livets Furste blev korsfäst. Han insåg inte att det fanns (med C.S Lewis ord) "en djupare magi" i funktion som skulle resultera i hans fall och ultimata nederlag.

Detta är den stora poängen jag önskar göra här och det som hela resonemanget vilar på. När Lucifer formade sin mörka ambition att ersätta den högste sa han egentligen: "Jag vill inte ha någon *Far* över mig!" Gud är far i sin natur och himlen har alltid varit full av hans faderskap. Därför sa Lucifer i själva verket: "Jag vill inte ha någon far över mig. *Jag* vill vara fadern. Ingen ska vara över mig. Jag är inte en son. Jag är inte underordnad någon."

Det finns en liknande text i Hesekiel 28:12-19. Denna gång är det Hesekiel som profeterar till kungen i Tyrus och än en gång finns där ytterligare lager av innebörd som går utöver den tidskontext den är skriven i. Här får vi en insikt om ursprunget till all faderlöshet. Återigen talas det om Lucifer. Det står:

"Du var en mönsterbild av fullkomlighet, full av visdom och fullkomlig i skönhet. Du var i Eden, Guds lustgård, höljd i alla slags ädelstenar."

När vi läser detta ser vi att Satan inte var skapad till en ond varelse. Han var känd som "Den Skinande." Han var full av visdom och fullkomlig i skönhet. *"Du var i Eden, Guds lustgård, höljd i alla slags ädelstenar."* Han var beklädd med otrolig skönhet, den vackraste av alla varelser. Han var också fylld med vishet men på grund av sin kärlek till sin egen skönhet blev hans vishet korrumperad. I sitt ursprungliga tillstånd var han placerad nära Guds tron.

"Du var en smord, beskyddande kerub och jag hade satt dig på Guds heliga berg. Du var fullkomlig på alla dina vägar från den dag då du skapades, till dess att orättfärdighet blev funnen hos dig." (Hesekiel 28:14-15)

Orättfärdigheten var ambitionen att ersätta Gud och att göra sig av med Gud. Det var ambitionen att tränga undan Guds plats i hans liv så att han kunde göra vad han ville och vara den ultimata auktoriteten i hans eget liv. Det är fortsatt grunden för all synd idag.

I vers 16 står det: *"Genom din stora handel fylldes du med våld, och du syndade".* Därefter följer dessa ord: *"Därför drev jag dig bort från Guds berg."* Vers 17 säger: *" Eftersom ditt hjärta var högmodigt på grund av din skönhet, och du fördärvade din visdom på grund av din prakt, kastade jag ned dig till jorden."* Notera att det inte står att hans skönhet togs ifrån honom.

Andra översättningar använder termen "Jag utvisade dig." Jesus själv såg Satan falla som en blixt från himlen. Det måste varit mycket dramatiskt! Han kastades till marken, bort från Guds närvaro, utkastad från Guds berg, ut ur himlen och ned på jorden, och han tog sina änglar med sig.

Utkastad från Faderns kärlek

Jag vet inte hur det ser ut i himlen. Jag har aldrig varit där. Allt jag vet är att Bibeln berättar att det behövs varken sol eller måne i himlen då Gud själv är ljuset. Gud uppfyller himlarna. Och eftersom Gud är kärlek innebär detta att himlen är fylld av kärlek.

Tänk dig hur det kommer att bli. Vi kommer att ständigt leva i en omgivning där varje andetag vi tar blir som att andas flytande fullkomlig kärlek. Det finns ingen möjlighet till förkastelse därför att fullkomlig acceptans blir upplevd varje sekund. Kärleken är fullkomlig och genomsyrande.

Himlen är dessutom fylld av en *specifik* och *speciell* kärlek. Den är fylld av *en fars* kärlek för Gud är far. Utifrån honom har allt som existerar kommit. Vi kan inte initiera någonting. Han initierade vår frälsning och vi bara gensvarade på inbjudan. Han initierade skapelsen och vi kom in i allt han hade gett oss. I sitt innersta väsen och beskaffenhet *är* han far. Det är inte något han har *blivit*. Först och främst, över allt annat och i dess djupaste betydelse, är hans kärlek en Faders kärlek.

Satan som förkastat Gud som Far kastades ut ur himlen och blev utkastad från allt faderskap. Han *ville* vara faderlös. Hans innersta väsen är att han är faderlös. Han *är* faderlös och *vill vara faderlös*. Det är därför det inte finns någon återlösning för honom. Han hade den fullkomliga uppenbarelsen om vem Gud är och valde att förkasta honom. När han kastades ner till jorden blev han den ultimata *faderlösa anden*.

Aposteln Paulus hade insikt om det jag säger. I Efesierbrevet 2:2 skrev han: *"Tidigare levde ni i dem på den här världens vis och följde härskaren över luftens välde, den ande som nu är verksam i olydnadens söner."*

Med andra ord, innan du blev kristen verkade en ande i dig som ledde dig in i världens system. I det världssystemet syndade du och levde utanför Guds syften. Du behövde bli levandegjord. Härskaren över luftens välde ledde dig på olydnadens väg och hans väg är faderlöshetens väg.

VÄRLDEN ÄR ETT BARNHEM

När vi förstår att Satan är en faderlös ande förstår vi också att världens vägar är den faderlöses vägar. Satan har lurat hela världen. Han har lett oss på sin väg, in i *hans* värdesystem så att hela världs-systemet fungerar på ett faderlöst vis. När vi definierar synd med att "missa målet" betyder det faktiskt att missa Fadern och leva ett faderlöst liv.

Tänk vad det innebär för en föräldralös att bo på ett barnhem, och vad det innebär för ett barn att leva i ett gott hem med kärleksfulla föräldrar. Det är en enorm skillnad mellan de två.

Låt mig lägga ut några kännetecken av att vara föräldralös. Den grundläggande verkligheten av att vara föräldralös är denna. En föräldralös har inget namn. Ofta har den föräldralöses namn blivit ändrat. Kanske blev de övergivna och ingen känner till deras identitet. Det finns ingen kännedom om deras bakgrund eller var de kommer ifrån. Det finns ingen känsla för eller betydelse av deras namn. När du är uppfostrad i en bra familj kommer ditt efternamn från din far och hans far innan dess och det sträcker sig tillbaka i historien. Ditt efternamn har du gemensamt med dina bröder och systrar och det ger en känsla av familje-identitet. I världen ser vi människor som försöker skapa ett namn för sig själva. De strävar efter att bli betydelsefulla och försöker göra något som ger dem en position i samhället. Faderlöshet är inte bara något som har med världen att göra. Det är det grundläggande tillståndet i det mänskliga hjärtat.

Även i församlingen ser vi faderlösheten komma fram. Vi ser människor i tjänst som försöker framhäva sig själva, de försöker göra "ett viktigt arbete." De vill vara involverade i en "framstående tjänst." Jag kommer ihåg att jag själv hade denna ambition. Motivationen bakom detta är att om jag *gör* något viktigt innebär det att jag *är* viktig. Ett talesätt i världen är: "Om du vill känna dig betydelsefull, börja göra något betydelsefullt." Det är karaktäristiskt för en faderlös. En son eller dotter finner sin betydelse inom familjen genom att vara älskad och uppskattad enbart för den de är.

En annan sak med de föräldralösa är att ingen ger dem något. Det finns inga julklappar eller födelsedagspresenter. Om du får en present har den blivit given till barnhemmet och delas ut slumpmässigt. Det är bara en tillfällighet om du skulle få något som du faktiskt önskar. Kanske en liten pojke önskar sig en segelbåt men får en lastbil. Det är en slumpmässig gåva utan någon äkta eller personlig mening kopplad till den. Julen eller födelsedagar betyder ingenting för en föräldralös. Lärdomen av detta är att du inte får något gratis. Det är ett av kännetecknen för denna värld. Du är helt själv och ingen kommer att ge dig något. Du måste kämpa för allt och se efter "nummer ett."

För en föräldralös finns inget arv så du måste sträva för allt du vill ha. Och låt ingen ta det ifrån dig, men var säker på att de kommer att försöka! Det är livet på ett barnhem. Den lille pojken blir bestulen på sin mat av de större pojkarna. Världen fungerar så här. Titta bara på våra finansiella system. De säger: "Det är bara affärer. Det är inget personligt!" Men det är *mycket* personligt för den det drabbar. En föräldralös har svårt att vara generös eftersom han känner att ingen någonsin kommer att ge honom något. Om han ger bort något får han inget tillbaka. En son å andra sidan har en helt annan bild. "Min far är väldigt generös och oerhört rik och han ger goda gåvor."

De system denna värld styrs av är föräldralösa system. Visste du till exempel att Guds Rike inte är en demokrati? Demokrati är kanske det bästa sättet för föräldralösa att regera över andra föräldralösa i en fallen värld, men det är fortfarande ett föräldralöst system. Det är inte så Gud styr sitt rike. Tyvärr styrs många kyrkor av demokratins principer. Om du har ett ledarskap i en församling med faderlösa hjärtan kommer hela församlingen att ha en känsla av faderlöshet över sig. Det genomsyrar allt.

Ta kapitalism som ett annat exempel. Kapitalism är kanske det bästa sättet vi vet om för föräldralösa att handla med andra föräldralösa, men det är verkligen inte ett rättfärdigt system. Det baseras på ett föräldralöst värdesystem, att köpa och sälja för vinst - så mycket vinst som möjligt oavsett vad som är rätt och skäligt. Guds Rike är annorlunda. Guds Rike fungerar på principen att *ge bort* allt du har och *ta emot* allt från Gud. Om någon tvingar dig gå en kilometer med honom, gå längre. Om någon slår dig på din ena kind, vänd den andra till. Om någon tar din skjorta, ge honom rocken också.

Jag är inte emot affärsverksamhet. Jag är inte emot att göra vinster. Det är det sätt världen fungerar på och vi måste fungera inom detta, men vi måste förstå att det inte är Guds Rikes väg. Guds Rike har andra värderingar och vi behöver utöva Rikets principer så långt som möjligt. En del församlingar bygger hela sin budget på kapitalistiska principer och det tynger ned dem! Gud kan göra mycket mer än vi kan tänka. Om vi begränsar vårt tänkande till vad som kan göras inom det kapitalistiska systemet begränsar vi Gud. Men när vi tror på Guds försörjning genom *hans* finansiella system rör vi oss bort från faderlöshet och in i sonskapet!

Skillnaden mellan icke-kristet och kristet är skillnaden mellan faderlöshet och sonskap.

En resa i fantasin

Jag vill ta med dig på en liten resa i fantasin. Försök föreställa dig hur det måste ha varit när Adam skapades. Vi har bara några få ord i Första Moseboks kapitel 2 som beskriver det. Det står: *"Herren Gud formade människan av jord från marken och blåste in livsande i hennes näsa. Så blev människan en levande varelse."* Tänk dig att du var en ängel som iakttog när Gud skapade hela universum. Hur skulle det sett ut?

Jag har ofta funderat över varför Gud inte skapade människan den första dagen så han kunde ha fått se honom skapa allt. Det skulle ha varit fantastiskt eller hur? Varför väntade Gud tills eftermiddagen den sjätte dagen för att skapa människan? Den enda orsak jag kan komma på är att *"Han ville inte att människan skulle se honom som en arbetande far."* Om människan hade bevittnat skapelseakten skulle det ha kunnat ingjuta i honom en strävan efter att arbeta och uppnå saker. Vi är skapade för Guds vila och om vi inte finner en plats av vila i oss själva kommer vår relation med Fadern att hindras. Det är därför Skriften säger: *"Bli stilla och besinna att jag är Gud."* (Psaltaren 46:11)

Gud formade mannen. Han *talade* allt annat till existens genom ett befallande ord men han *formade* mannen genom att skrapa samman jord. Det måste ha funnits ett ögonblick när änglarna drog ett andetag av överraskning när de började inse att Gud skapade en kopia av sig själv. Det var en perfekt skapelse.

När han formade mannen kom tidpunkten när kroppen var helt fullbordad. En perfekt formad vuxen mans kropp men fortfarande utan liv. Då andades Gud in i mannens näsborrar. Du måste komma väldigt nära någon för att andas in i näsborrarna. Om du såg detta hur skulle det se ut? *Det skulle se ut som om Gud kysste Adam.*

När en mor håller sitt nyfödda barn i armarna har hon ett uttryck av total förundran och vördnad i sitt ansikte. All smärta från förlossningen är glömd och kärlek, ömhet och förundran blandas i hennes ansiktsuttryck. Jag tror inte det finns någon kvinna som inte haft denna känsla när hon födde sitt första barn. Hon vet att ett förunderligt mirakel har skett.

Gud, vår Fader, är prototypen för en förälder för alltid. Han är den ultimata föräldern och vi är hans kopior. När han andades in i Adams näsborrar gav han liv till sin son. Jag tänker mig att detta var ett av de mest otroliga ögonblicken i historien. Om du hade sett detta skulle du ha sett all Faderns kärlek och ömhet i hans ansikte.

Men vad skulle du ha sett om du iakttagit Adam? Du skulle ha sett hans bröstkorg höja och sänka sig när lungorna fylldes med det första andetaget. Sedan skulle hjärtat ha börjat slå. Du skulle ha sett en plötslig våg av färg gå genom kroppen när blodet började pumpa genom muskler, vävnad och hud. Allt i kroppen skulle ha börjat fungera. Kanske du skulle ha sett små rörelser i fingrarna, tårna och ögonlocken när musklerna började få syre. Allt skulle ha börjat röra sig när kroppen fick liv. Men inte bara kroppen utan även hjärnan skulle ha börjat fungera. Vad skulle det innebära att sinnet skulle börja fungera utan att ha något att tänka på? Att minnet skulle börja fungera men inte ha några minnen! Inga alls! Hans personlighet skulle ha funnits där men inga intryck. Som en påslagen dator utan operativsystem. Det är bara tomt.

Sedan kommer ögonblicket när Adam tar emot sitt första intryck. Hur tror du det ögonblicket var? Vad gav honom hans första intryck? Jag tror det var när han öppnade sina ögon. Vad var det första han såg?

Kärlek uttrycks genom beröring, rösten och ögonkontakt. Ögonen är själens spegel.

Adam började öppna sina ögon. Tror du Fadern hade gått iväg för att läsa tidningen, titta på TV eller spela fotboll? Aldrig! Han älskade sin son intensivt när han gjorde honom levande. Gud är inte en deltidspappa. Han är alltid där. Vi kan vara upptagna med andra saker men han har inget annat att vara upptagen med. Vi är allt! När Adam öppnade sina ögon befann han sig under ett "Niagarafall" av Guds kärlek. *Han tog emot all kärlek som fanns i hela universum.* Vilken överväldigande tanke! Jag kan inte föreställa mig hur det var för honom. Det första han någonsin upplevde var den fullkomliga kärleken från allsmäktige Gud. Adam visste att han var fullständigt och fullkomligt älskad av Fadern.

Jag trodde att jag var den ende som tänkt på detta men en dag insåg jag att Paulus också hade sett det. När jag plötsligt insåg vad den sanna betydelse av denna vers innebar tänkte jag: "Paulus, din gamla rackare! Du visste detta också!" Lyssna på vad han säger:

"Jag ber att han i sin härlighets rikedom skall ge kraft och styrka åt er inre människa genom sin Ande, och att Kristus genom tron skall bo i era hjärtan och ni skall bli rotade och grundade i kärleken. Ni skall då tillsammans med alla de heliga kunna förstå bredden och längden och höjden och djupet och lära känna Kristi kärlek, som går långt utöver vad någon kan förstå. Så skall ni bli helt uppfyllda av all Guds fullhet."

Rotade och grundade i kärlek. Själva fundamentet i Adams liv var *rotat och grundat* i kärlek. Är det inte underbart? Varje kristens arv är att få ögonen öppnade och att se den otroliga kärlek Fadern har för oss. Detta är inte något extra tillägg till den kristna tron. Detta är själva grunden! Detta är inte någon ny bok i bokhyllan. Detta är själva bokhyllan! Detta är inte någon ny upplevelse som läggs till våra övriga livsupplevelser utan basen för alltsammans!! Själva grunden vi tolkar allt genom är att *Fadern älskar oss.*

För några år sedan kom en man fram till mig efter ett möte och sa: "James, du säger att Faderns kärlek är grunden, men verkligen... korset är ju grunden eller hur?" Jag hade aldrig fått den frågan förut och hade inte tänkt på det tidigare. Men på en sekund insåg jag något och svarade: *"Korset är ett uttryck för Faderns kärlek. Faderns kärlek är inte ett uttryck av korset."*

Låt mig säga det på det här viset. När du föds på nytt dyker du ned i frälsningens källa och möter Jesu kärlek. Du dyker djupare och blir renad i blodet! Du dyker djupare och han blir din Herre! Du går ännu djupare och blir fylld av den Helige Ande! Du går ännu djupare och kommer in i tjänst och smörjelse och mirakler! Du går djupare och djupare in i rättfärdiggörelse och helgelse. Sen kommer du ner till botten av källan, till källsprånget där *allt* kommer ifrån, till Faderns kärlek. Där är det! Han är källan! *Hans* kärlek är ursprunget till all kärlek.

Paradiset

Adam blev rotad och grundad i kärlek från det ögonblick han öppnade sina ögon. Därefter skapade Gud en hustru till honom. Hon hade inget annat namn vid den tidpunkten. De kallades båda Adam. Kärlek är enhet. Adam (och Eva) hade denna enhet på samma sätt som vi önskar vara fullständigt ett tillsammans. Gud skapade en underbar omgivning åt dem.

Adam (och Eva) levde i lustgården fullständigt mättade av Faderns kärlek. Han hade gemenskap med dem varje dag. Vi måste förstå att Guds relation med Adam var som far och son. Bibeln benämner Adam som "Guds son." Jag har försökt föreställa mig hur deras liv var men jag kan inte förstå det. De måste ha levt i fullständig frid. En frid *djupare* än frid. Det skulle inte ens ha behövts ett ord för *frid* för det fanns inget motsatt alternativ. De levde i en fullständig och absolut glädje. Du kunde ha satt dig ner med dem och försökt förklara innebörden av otrygghet men de skulle inte ha förstått vad du pratade om. Fruktan var helt utanför deras referensram. Livet i Edens lustgård var oskyldigt men också höjden av mognad. Vi strävar efter vad de hade helt naturligt.

Vi vet att Satan gillrade en fälla för dem och den fällan gillrade han väl. När jag var ung tillbringade jag en period som jägare. Jag sålde djurskinn som levebröd. Jag satte många fällor i skogen och jag vet att de måste se lockande ut. Om en fälla ser farlig ut för de djur du försöker fånga fångar du ingenting. Den måste se *bättre* ut och verka mer lockande än det vanliga. Då kommer bytet att fånga sig själv genom sina egna handlingar.

Den första delen av Satans fälla var att lova kvinnan att hon skulle bli lik Gud om hon åt av trädet. Eva *älskade* Gud. Hur många av oss har inte bett Gud om att göra oss lika Jesus? Varför ber du om detta? Därför att du älskar honom! Kärleken gör att vi vill likna och bli en del av det vi älskar. Så givetvis var hon intresserad av Satans löfte. Hon ville bli lik sin Far. Hon *älskade* Gud!

Därefter visade Satan henne att frukten var vacker. Jag vet att kvinnor älskar det vackra. Jag har vistats på platser där det bara bodde män och huset hade ingen skönhet, det var bara funktionellt. Kvinnor älskar skönhet.

Eva såg på frukten att den var vacker. Hon såg att den var god och närande att äta. Att nära kan uttryckas på många sätt men en av de vanligaste är att skapa och tillhandahålla näringsrik mat. Det kan vara ett uttryck av kärlek, omsorg och omtanke för familjen. Eva sträckte sig fram, tog frukten och åt. Vad hände när hon åt av frukten? *Ingenting alls!*

Adam (och Eva) var så *ett* med varandra att de inte ens kunde synda individuellt. Det var först när Adam *också* åt som bådas ögon öppnades och fällan slog igen... PANG! Det kunde inte göras ogjort. De kunde inte fly. Konsekvenserna stod fast. Jag tror inte att de egentligen hade någon tanke på vad konsekvenserna skulle bli. De visste att de skulle dö om de åt av frukten men det var troligen den minsta av konsekvenserna för deras vidkommande.

Enheten mellan dem var borta. *"Mannen gav sin hustru namnet Eva, för hon blev mor till allt levande."* (1 Mosebok 3:20) Det är nu Eva får ett separat namn. De blev två där de tidigare varit ett. C.S. Lewis kommenterade att "ett svärd kom mellan könen den dagen". Ett svärd av fiendskap mellan man och kvinna som fortfarande behöver upprättas. Sedan gjorde Gud tunikor av skinn och klädde dem. *"Se, människan har blivit som en av oss, med kunskap om gott och ont. Nu får hon inte räcka ut handen och ta även av livets träd och så äta och leva för evigt..."* Därefter drev han ut dem från lustgården.

Fångade i fällan blev synden nu deras herre. Problemet med synd är att den tar tag i dig och du kan inte själv göra dig fri. Synden bemästrar dig. Det enda sättet syndens makt kan bli bruten är genom Jesu blod. Du kan inte bryta syndens kraft genom att bestämma dig för att leva annorlunda. När Jesu blod appliceras blir du fri från syndens grepp. Adam och Eva fångades av synden och Jesu blod hade ännu inte blivit tillgängligt.

Två fruktansvärda val

Gud hade ett svårt val. Kom ihåg att han älskade dem och bara ville deras bästa, men nu hade de valt en väg där det bara fanns två möjligheter. Han kunde antingen sända bort dem eller lämna dem i lustgården att för evigt leva som syndare.

Gud såg på Adam och Eva när syndens tyngd föll ned över dem. Nu skulle de gå djupare ner i förtvivlan och bära en ständigt tilltagande börda av skuld. Deras personligheter skulle ruttna från insidan och fyllas av girighet, osäkerhet och fruktan. Varelsen Gollum i filmen *Sagan om ringen* ger oss en bild av hur detta kunde ha sett ut. Han fick tag i något kraftfullt ont. Han kunde inte släppa taget om eller sluta jaga efter det även när det förstörde honom inifrån och ut. Han blev en grotesk, masklinknande varelse, degraderad från sin ursprungliga person och förfallet fortsatte bryta ned honom.

Jag tror att när Gud såg på Adam och Eva, insåg han att denna process av förfall redan hade börjat. Och Faderns hjärta sa: "Vi kan inte tillåta detta att fortsätta i all evighet! Om tiotusen år skulle de fortfarande leva och *förfallet fortsätta!* Vi kan inte tillåta dem att äta från Livets Träd. Vi måste driva ut dem ur lustgården. Vi måste hindra dem att nå trädet!!" Så han sa till dem: "Det är över. Ni måste gå!"

Hur Adam och Eva upplevde det när de hörde de orden kan inte föreställas. De kunde inte anklaga Gud för sin situation. Det faktum att de själva hade orsakat detta gjorde deras förtvivlan ännu större. Gud kom till dem som en kärleksfull Far. Han stängde inte ut dem som vedergällning eller straff. Att sända bort dem var att välja det minst onda av två val. Adam och Eva hade nu troligen de mest brustna hjärtan som världen någonsin skådat.

Två saker avgör hur mycket smärta du upplever när någon orsakar ditt hjärta att brista. För det första, ju större kärlek du känt desto större kommer smärtan att vara. Adam och Eva hade blivit älskade av den största kärleken i universum. För det andra, om ditt hjärta har brustit tidigare kommer du troligen att hålla något tillbaka nästa gång. Adam och Eva hade *aldrig* upplevt smärta innan detta hände. De visste inte vad smärta var. Och jag tror att de upplevde den största känslomässiga smärta som någon någonsin känt. De var de mest sorgsna och förtvivlade människor som världen någonsin skådat. Gud drev dem mot utgången och ut ur lustgården. Det verkade som om Adams och Evas ben inte ville bära dem utan Fadern fick fysiskt driva ut dem. Han gjorde det inte för att straffa dem. Han gjorde det inte för att han förkastade dem. *Han gjorde det därför att han älskade dem.*

Gud har aldrig gjort något som inte varit ett uttryck av hans kärlek och han drev ut dem *därför att* han älskade dem. Jag kan se dem släpa sina fötter för att förlänga stunden i lustgården. För första gången började de uppleva fruktan. Hur skulle det vara där utanför? Vad menade han med att marken skulle bära fram törnen och tistlar och att de skulle arbeta i sitt ansiktes svett? Det innebar att han inte längre skulle förse deras behov! Allt de behövde fanns i lustgården! Hur skulle de leva? De skulle vara tvungna att skapa ett annorlunda liv för sig själva. De skulle aldrig se honom på detta sätt mer. Livet som de kände till det var över!

MÄNSKLIGHETEN BLIR FADERLÖS

Det som egentligen skedde när han drev ut dem ur lustgården var att han drev ut dem från möjligheten att uppleva hans kärlek. De skulle aldrig mer uppleva hans kärlek på samma vis. Synd skapar alltid separation och deras synd hade nu separerat dem från honom. De måste ha vetat att den nära relation de hade haft var över när de lämnade lustgården. Genom att lämna Eden lämnade de också omgivningen av Faderns kärlek. De blev mer lika den fallne som kastats ut från himmelen. De blev faderlösa. Hela mänskligheten, inklusive du och jag, var *i* dem när de lämnade lustgården. *I dem gjordes hela mänskligheten faderlös.*

Något ännu lömskare hände och det förvärrade deras misär. Den som blivit kastad till jorden som en blixt började skapa en villfarelse. En ohelig allians började utvecklas mellan den faderlösa anden som kastats ut från himlen och mannens och kvinnans faderlösa hjärtan. De hade ingen aning om hur man skulle leva utanför lustgården. Så Satan började leda mänskligheten in i en villfarelse som har fortsatt genom historien ända in i våra dagar. Vi har alla vandrat på hans vägar som det står i Efesierbrevet 2:2. Världen har blivit faderlös. Att bli frälst, fylld med den Helige Ande och känna Jesus förtroligt ändrar inte detta. *Bara en Far kan tillintetgöra faderlösheten!*

Det dröjde en lång tid innan jag ens tänkte på hur det måste ha varit för Gud. Han älskade dem med en förälders kärlek och visste vad som skulle hända. Han visste att girighet nu skulle gripa tag i det mänskliga hjärtat och varje person vända sig mot den andre. Han kunde se svärdet mellan könen, den osynliga barriären mellan man och hustru. De var nu faderlösa i den sanna betydelsen av ordet.

För några år sedan var jag i St.Petersburg i Ryssland. Det var i november och isande kallt. En kväll när jag gick ut sprang en liten pojke, kanske nio år gammal förbi mig. Allt han hade på sig var shorts och en kortärmad bomullsskjorta. Han var barfota, hade smutsiga ben, oklippt hår och bar en liten kasse med kvistar över axeln. Jag antog att han skulle tända en eld någonstans för att värma sig. När han sprang förbi stannade han och såg på mig över axeln. Jag kommer aldrig att glömma hans ansikte. Det var som att se ansiktet av en medelålders man på en liten pojke! Det hans ansikte uttryckte var: "vad ska *du* göra med mig?" Sedan vände han sig om och fortsatte springa. Det finns många barn som honom över hela jorden. Det finns så mycket lidande i världen. Större lidande än vi kan förstå.

Fadern visste hur det skulle bli när Adam och Eva gick ut i detta faderlösa liv, men han visste också att det var bättre än alternativet som innebar att leva för evigt i fortsatt förfall. Jag tror att ett stort rop började stiga upp ur Faderns hjärta i det ögonblicket. Ett förtvivlat rop. En sak som jag vet som far är att när mina barn lider önskar jag att det kunde vara jag istället. Det är svårare att se sina barn lida än att lida själv. Det är nästan outhärdligt att se sina barn lida och inte kunna göra något åt det. Och här är en Far som sänder ut sina barn väl medveten om det lidande som måste komma. Jag tror att ett rop steg upp ur djupet av hans varelse. När världen fortsatte och lidandet ökade blev ropet mer och mer intensivt. Han kunde se alla sina barn, hela mänskligheten, leva ett liv av lidande. Hans fadershjärta sträckte sig ut till dem fast han visste att de snart skulle glömma hans existens och kärlek till dem.

Faderns räddningsplan

Utifrån en djup medkänsla i sitt hjärta sände han människor till dem för att berätta om sin kärlek. Han sände lagstiftare och domare, kungar och präster, för att uttrycka sitt hjärta och visa dem vägen till ett liv fritt från allt lidande. Han kallade ut en nation av människor för att vara vittnen men allt var otillräckligt. Hela mänskligheten sjönk ner i ett föräldralöst liv präglat av smärta, ensamhet och brustenhet. Han såg sina barn lida och ett stort rop av förtvivlan vällde upp på insidan av honom. Han sände profeter. Han sände mödrar till Israel. Han sände psalmister och poeter som med stor vältalighet kunde tala hans ord. Inte en enda av dem klarade att uttrycka hans hjärta på ett fullständigt sätt. Inte en enda!

Till slut sände han sin egen Son som var den fullkomliga avbilden av honom själv. Hans exakta spegelbild - hans Son, som inte bara talade det han ville ha sagt men *exakt på det sätt han ville ha det sagt*. Han sände Jesus! Jesus, Sonen, kom till världen helt frikopplad från det faderlösa systemet och började leva ett liv som Son. Han var fri från den faderlösa förförelse som infekterat hela mänskligheten. Han kom som Son! Orden han talade kom ut från hans nära förhållande till sin fullkomliga Far och förundrade alla. Eftersom han var fri från synd och dess verkningar kunde han erbjuda den friheten till andra. Frihet från sjukdom och från Satans makt. Han kunde försäkra syndare att deras synder var förlåtna. Han befallde de lama att stå upp och gå. Han spottade på de blindas ögon och de gick seende därifrån. Han kom till jorden helt fri från den faderlösa, fallna natur som präglade denna värld, för att visa oss hur Fadern är, för att vi alla skulle veta att *vi har en Far som älskar oss.*

Under de sista dagarna innan han dödades av världen kunde han *till slut* tala om vad hans Far i himmelen hade längtat efter att förmedla. Det som kokat i Faderns hjärta som en vulkan under generationer. Han kunde *till slut* uttrycka vad Fadern ville att han skulle säga. Detta rop som funnits i Faderns hjärta från det ögonblick Adam och Eva lämnade lustgården och gick ut i ett faderlöst liv, bedragna av den faderlösa anden som kastades ut ur himlen för länge sedan.

Till slut kunde Jesus klart uttrycka orden direkt från Faderns hjärta, *de ord* hans Far bad honom tala på *det sätt* som Fadern ville att han skulle säga dem.

> "JAG SKA INTE LÄMNA ER FADERLÖSA,
> JAG SKA KOMMA TILL ER!!"

När Fadern såg dem lämna lustgården och gå in i faderlösheten var han tvungen att stanna kvar. Men han sände sin Son för att bryta ned allt som står mellan honom och oss, och gav ett löfte: *"Och jag skall vara er Far, och ni skall vara mina söner och döttrar, säger Herren, den Allsmäktige" (2 Kor 6:18)* Denna faderlöshet som är över hela mänskligheten kan inte kastas ut som en demon. Den är inte i sig själv demonisk. Faderlöshet är *tillståndet* i det mänskliga hjärtat. Men när det mänskliga hjärtat möter Fadern är det inte längre faderlöst och dess faderlösa beteende börjar att försvinna.

Jesus är inte dörren till himlen. *Han är dörren för att Fadern ska komma till oss!* Förhänget i templet som brast uppifrån och ned, brast inte för att vi skulle kunna gå in. *Det brast så att han kunde komma ut!* Han drog isär det och kom ut och i samma ögonblick kollapsade hela det religiösa byggnadsverket! Israels rike var borta. Inom fyrtio år blev templet förstört och Davids kungliga ättelinje hade försvunnit. Nu kommer Fadern ut för att vara en Far till hela världen!

Detta är det enkla evangeliet. Det handlar om en Far som förlorade sina barn och som ville ha dem tillbaka.

Han sände sin Son för att föra oss hem. Han sa: "Son, gå och för hem dem. De som vill komma hem, för hem dem!" Guds Andes verk är att föra oss ut ur faderlösheten och tillbaka in i sonskapet. Jesus kom som Sonen för att bli vägen till Fadern. När du förvandlas till en son kan du lära känna Fadern mer och mer. Detta är vad kristen tro är! Är det inte underbart? Jag kan nästan inte tro att han är så god! Han är fast besluten att var en Far för oss och fördriva vårt faderlösa beteende. Han för oss, hans barn, hem igen för att vara med honom.

KAPITEL 7

Sonskapets hemlighet

∼

Jag har fått höra att jag måste mogna och växa upp ända sedan jag var en ung kristen. I vår kristna tro försöker vi bli starka, utbildade, kompetenta och självsäkra - medan Herren försöker få oss att bli lika ett barn. I världen behöver du vara utbildad och framgångsrik för att överleva men i Guds rike behöver vi bli som små barn. I åratal försökte jag göra allt som krävdes tills jag insåg vad det *verkligen* handlade om.

Herren har radikalt förändrat hela vårt perspektiv när det gäller det kristna livet. När Denise och jag var i trettioårsåldern var vi pastorer i en liten kyrka i en stad på Nya Zeeland. Det var andra gången vi var pastorspar i en församling och vi hade massor att göra. Vi använde våra kvällar och varje helg till att ge själavård åt människor. Vid ett tillfälle hade vi inte lagt oss före midnatt under två veckors tid. Vi hade en vision att bygga ett center. En vän hade fått över ett hundra tunnland mark och vi hade flyttat dit för att hjälpa honom bygga. Vi byggde hus, la in el och avloppssystem och dessutom förbättrade vi landsvägen till byggplatsen.

Sedan talade Herren om att bygga ett stort hus med åtta sovrum där. Vi bad in en kvarts miljon NZ dollar. Dessutom började jag få inbjudningar att åka och tala utanför Nya Zeeland. Så under fyra år var vi extremt upptagna med att göra Herrens arbete. Vi levde, åt och andades för Guds rike från det ögonblick vi vaknade tills vi lade oss att sova på kvällen (och vi bad om drömmar på nätterna). Vi gjorde allt vi kunde i strävan att göra Guds verk.

Plötsligt hände det något. En morgon väntade jag vid ytterdörren på att Denise skulle komma ned för trappan för att gå till kyrkan. När hon kom till slutet av trappan satte hon sig plötsligt ner och började gråta. De som känner Denise vet att hon inte gråter för småsaker. Om hon grät måste det vara något *allvarligt* fel. Hade telefonen ringt med dåliga nyheter? Hon grät så hårt att hon inte kunde berätta för mig varför hon grät. Jag frågade om och om igen: "Vad är fel?", men hon kunde inte prata. Det enda hon till slut kunde säga var: *"Jag klarar inte av att möta dessa människor en gång till."*

Utbränd

Vi var utmattade efter sjutton års heltidstjänst för Herren. Vi levde, åt och andades livet i tjänst. Jag undervisade på UMUs skolor. Vi bad in massor med pengar för olika projekt. Vi hade bokade möten att tala i Sydostasien, Korea, USA och Canada och dessutom på öarna i södra Stilla havet. Vi la all vår kraft på att tjäna Herren och plötsligt gick vi in i väggen.

Detta hände 1988. Jag beslutade att vi inte kunde fortsätta vara i tjänst när Denise mådde så här. Vid den tidpunkten trodde jag att *jag* var ok. Jag hade inbjudningar att tala på fyra UMU skolor i Australien. Vi sa till vår församling att vi skulle ta ledigt sex månader. Vi skulle fullfölja våra åtaganden i Australien och därefter ta en sabbatsperiod. Men så snart vi kom till Australien började *jag* gråta! Jag satt i soffan timvis och stirrade på golvet med tårar strömmande nerför mina kinder. Vi var känslomässigt utmattade.

Vid den tiden kom Ken Wright och hans hustru Shirley för att träffa oss. Han var den man som döpt mig och en av de män jag trodde jag kunde säga till Herren att jag var son till. När de var på väg att åka hem, satte sig Ken i bilen och rullade ned fönstret en bit för att säga något. Det var tur att han satt i bilen för det han sa fick mig att vilja slå honom. Med glimten i ögat sa han till mig: "James, du förstår väl att det bara är ditt kött som kan bli utbränt." Och vi *var* utbrända och totalt utmattade.

När jag hörde Ken säga de orden reste sig allt inom mig i ilska och jag ville säga: " Jag har inte arbetat i köttet! Vi har bett för att *allt* ska ske i den Helige Andes kraft och sökt göra allt i Guds kraft!" Hur kunde han säga så? Problemet var bara att det inte gick att argumentera mot hans uttalande. Hur kunde jag säga att jag var utmattad om allt hade varit Herrens verk och utfört genom hans kraft? Om du blir utbränd är det en tydlig indikation på att det är mycket av *dig* som har varit involverad i arbetet. Det var en svår sanning för mig att acceptera. När det gällde tjänst för Herren var allt i mitt liv motiverat av en önskan att han skulle komma med *sin* kraft och Ande. Vi sjöng alltid sången: "*det är inte genom styrka eller kraft utan genom min Ande säger Herren*". Jag upptäckte att många människor sjöng den sången och sedan använde de sin egen styrka och kraft för att göra Guds verk. Att sjunga sången gjorde ingen skillnad.

Vi hade med våra hektiska liv till slut blivit totalt utmattade. Vi var borta från vår tjänst i två år. Vi var borta från allt. Vi var nästan ute för räkning. Denise trodde inte att vi någonsin skulle komma in i någon form av kristen tjänst igen. Jag hade ingen aning vad jag skulle göra med resten av mitt liv om jag inte kunde vara i tjänst. Under två års tid gjorde vi väldigt lite. Vi försökte arbeta lite men de enklaste saker var svåra att göra. Att tänka en logisk sekvens under en halv timme var mycket svårt. Något så enkelt som att klippa gräsmattan var oerhört tröttsamt för mig och jag var ofta tvungen att sova efter jag hade klippt gräset. Inte för att jag var fysiskt trött utan för att jag var mentalt slut av mödan.

Genom hela den erfarenheten började jag ompröva många saker i det kristna livet. Jag hade alltid prioriterat att uppfylla varje åtagande och uppgift, både i min privata tid och när jag förberedde predikningar eller besökte de sjuka. När jag var pastor kom en strid ström av människor till mitt kontor för att prata om sina problem. De lämnade kvar problemen *hos mig* och gick hem utan dem. Nu var det jag som bar problemen medan de mådde bättre. Detta fortsatte att lagras under åren tills jag inte kunde hantera det längre. Jag började tänka om. Det måste finnas ett bättre sätt.

Pressen att växa upp

Efter några år blev jag inbjuden att vara pastor i en liten karismatisk Baptistkyrka i Auckland. Jag åkte och besökte dem och berättade om mina hälsoproblem. Jag berättade vad min läkare och mina vänner hade sagt om min situation. De svarade: "Vi kommer inte att be dig göra mycket. Om du kan arbeta några dagar i veckan skulle det vara en bra början." De var så kärleksfulla mot oss. Vi tillbringade de nästkommande sju åren där. De helade oss och vi helade dem. De hade gått igenom en svår tid efter deras pastor och äldstekår hade lämnat dem. Vi kunde hjälpa människor att fokusera tillbaka på Herren istället för det som hade hänt. Herren helade oss alla under den tid vi hade tillsammans.

1994 hörde jag om Toronto väckelsen så jag reste till Kanada och blev djupt berörd av vad Gud gjorde där. Jag hade en känsla av att nytt liv andades in i mig. Jag kunde känna Herrens välsignelse och att det var starten på något nytt. 1997 köpte vi en flygbiljett för att resa jorden runt med Jack Winter och se vad Gud ville göra genom oss. Vi packade inte ur våra resväskor under de följande fyra och ett halvt åren. Vi reser fortfarande i denna tjänst och lever i det nya.

Huvudbudskapet som jag undervisades när jag först blev kristen lät ungefär så här:

"Nu när du blivit kristen måste du växa till i Herren. Du måste mogna. Du måste få seger, broder! Vad som än kommer emot dig måste du bryta igenom. Du måste söka Gud och finna honom mitt i situationen och bli en övervinnare!" och så vidare…

Det fanns en kontinuerlig press att mogna. På den tiden sjöng vi en speciell sång som jag hatade att sjunga. Mycket av texten var tagen från Bibeln men det fanns *en* mening som förvred innebörden av all bibeltext i sången. Jag ber om ursäkt till den som skrev sången. Den gick ungefär så här: *"Jag är en övervinnare, jag är segerrik, jag regerar med Jesus. Jag sitter i det himmelska med honom."* Allt detta är enligt Bibeln men sedan kom den rad jag inte kunde sjunga. Den sa: *"jag känner inget nederlag, bara styrka och kraft."* Jag förstår att det skulle vara en positiv bekännelse, men om jag skulle säga det skulle det vara lögn. Jag hade haft mycket nederlag i mitt liv och inte bara styrka och kraft.

Budskapet ströks sedan under ännu mer när jag fick höra:

"Du måste tala positivt. Du kan inte tillåta negativa tankar att komma in för du är en övervinnare! Du måste vandra i tro och hålla fast i segern. Du måste skärpa dig, bli kompetent och full av tro. Du måste kunna Ordet, höra alla budskapen, lyssna till alla predikanterna och läsa alla böckerna. Du måste bli en kristen som har allt i ordning och vara den mogne gudsmannen!"

Vad de sa var att du måste få ordning på ditt liv när du blir en kristen! Jag förstår nu att även om du lyckas få rätsida på ditt liv så är det fortfarande bara ett agerande. Massor av våra positiva bekännelser är bara övermod istället för tro. Om vi kan vara ärliga om var vi befinner oss istället för att förneka verkligheten kan vi komma långt andligt. Många saker vi fick lära oss att göra var en sorts förnekelse och förnekelse är inte seger.

Riddaren på den vita hästen

För några år sedan hade jag en livsförvandlande vision. I visionen befann jag mig i en gammal urskog. Jag visste att skogen var gammal för träden var väldiga ekar med stora grenar som spred ut sig. Det påminde mig om Sherwoodskogen från historien om Robin Hood. Jag stod på gräset i skogen. Plötsligt såg jag att jag stod på en urgammal stig som inte längre användes och som var övervuxen med gräs. Jag kunde se konturen av den vindlande stigen genom träden och sen jag såg att något kom mot mig mellan träden.

När den kom närmare kunde jag se att det var en vit häst och på hästen satt en medeltida riddare. Hans rustning var lysande, halvgenomskinligt vit eller silverfärgad. Riddaren höll ett svärd i luften och visade den flata sidan av bladet istället för att hålla den beredd på attack. Hans andra arm var utsträckt med en öppen hand. Det konstiga var att han inte höll några tyglar! När han närmade sig kunde jag se att hästen *dansade*, några steg framåt och några steg bakåt, några steg åt ena hållet och några steg åt det andra hållet. Den fortsatte framåt med de rörelserna. Det fanns ingen brådska. Riddaren bara satt där med sina händer uppe och höll svärdet.

Riddaren närmade sig sakta på sin dansande häst och mina ögon började märka annat som rörde sig. Ut ur mörkret i skogen kom det människor mot vägen. Skenet från ljuset som omgav hästen och ryttaren nådde in i den mörka skogen. Några människor grät och några skrattade. Andra var sårade och de kröp fram till ljuset och blev fyllda med glädje. Några dansade som små barn, de tog varandras händer och dansade i ring. Några böjde knä bredvid vägen med upplyfta händer när riddaren passerade dem och tillbad Herren. Riddaren var inte Herren men han bar på Herrens härlighet och den strålade ut från honom in i mörkret i skogen.

Helt plötsligt insåg jag att jag stod mitt på vägen. Men jag hade ingenting att frukta och jag kände inte att jag behövde ställa mig vid sidan för att låta dem passera. Jag stod där och hästen kom ända fram till mig och stannade. Riddaren hade visiret på hjälmen nedfällt så hans ansikte var dolt. Det verkade som om att han inte var intresserad av mig eller ens lade märke till mig. Han bara satt där utan att röra sig. Sedan kände jag intuitivt att jag var inbjuden att sätta min fot i stigbygeln där riddarens fot var, så jag satte min fot i stigbygeln ovanpå hans beklädda fot. Jag drog mig själv upp och stod vid sidan av honom. Han hade inte flyttat på sig alls. Hans svärd var fortfarande upplyft och hans hand utsträckt. Jag tittade på honom men kunde inte se hans ansikte på grund av det nedfällda visiret och glipan var så smal att inget kunde ses genom det.

Jag sträckte ut min hand för att lyfta upp visiret och se hans ansikte. Men när jag lyfte visiret fanns inget ansikte där! Inget ansikte alls. Så jag tog av hjälmen och till min fasa fanns det inget huvud! Sedan tittade jag ned i kragen och då såg jag att inuti rustningen satt en liten pojke, bara en liten pojke! Den lille pojken hade ett stort leende på sitt ansikte, som om han sa: *"Det här är ju århundradets skämt! Jag bara sitter här på hästen och vi dansar och alla dessa saker händer runt mig. Människor kommer till Herren, människor blir berörda och frälsta och helade och välsignade och allt händer. De tror att jag är en stor riddare från Gud men jag är bara en liten pojke!"* När jag såg detta och den lille pojkens ansikte med sitt stora leendet, förstod jag för första gången i mitt liv vad kristen tjänst handlade om.

FÖRSAMLINGEN ÄR EN FEST

Under åren som gått har församlingen blivit beskriven på många olika sätt. Den har skildrats som en armé. Någon skrev en gång en bok som hette *"Bruden med militär-kängorna"*, även om jag aldrig har läst den boken måste jag säga att jag inte tycker om titeln. Tänk dig att gå på bröllop och när musiken börjar och bruden kommer uppför altargången... "Här kommer bruden..." tramp, tramp, tramp, tramp. Bröllopsgästerna vänder sig om för att se henne gå uppför altargången och hennes militär-kängor stampar på stengolvet. Jag kan inte riktigt förmå mig att tro på den beskrivningen av bruden.

Vi har trott att församlingen är en armé och att alla måste falla in i ledet och marschera i takt. Församlingen har en större vidd med en större variation av gåvor och frihet än något vi någonsin har drömt om. Det var aldrig meningen att den skulle göra oss alla likadana. Den är en plats där individualiteten kan bli fullt uttryckt i perfekt harmoni med andra. Församlingen är en symfoni av gåvor med den Helige Ande som dirigent. Några har beskrivit församlingen som ett sjukhus där vi alla ligger i sängar tills vi blir helade. Detta är en dominerande ide inom kristna kretsar, men jag har upptäckt sanningen. Vill du veta vad församlingen *verkligen* är? *Den är en fest!*

Som ung kristen blev jag ständigt uppmanad att gå ut och frälsa världen. Det är klart att världen behöver bli frälst! Jesus är svaret. Men det är inte min kunskap (även kunskap om kristen tro) eller min insikt som frälser världen. När jag kom ur perioden av utbrändhet kom folk fram för att träffa mig och prata om sina problem. När jag lyssnade repeterade jag i mitt sinne: "Detta är inte mitt problem. Jag behöver inte fixa detta." Jag bad att Herren skulle hjälpa dem och betjäna dem, för jag kunde inte ta på mig den bördan. Det är saker i våra liv som primärt är mellan Herren och oss. Människor kan hjälpa dig men de kan inte bära dig. Jag lärde mig hur jag skulle förhindra att tyngas ner av dessa bördor och istället vara som ett litet barn.

Som ett litet barn

Jag har upptäckt ett speciellt karaktärsdrag hos människor som lever nära Gud. De mest underbara och Kristuslika människorna är också de med störst barnasinne. Jack Winter var otroligt lik ett barn. Han bara trodde på vad Bibeln sa och som ett resultat såg han Gud göra många fantastiska saker.

Jack hade en förbedjare som hette Amy. Hon bad för honom och fortsatte sedan att be för oss. Hon var i åttioårsåldern när jag träffade henne för första gången. Hon kom till Nya Zeeland och gick in i bön i tungotal för mig under två veckor, åtta timmar om dagen. Detta var hennes tjänst. Hon hade med sig en väninna och de gick in i ett litet rum. De mest otroliga ljud kom ut från rummet. De bad med stor auktoritet. Men när hon slutade be och kom ut ur rummet för att äta lunch med oss var hon som en liten treårig flicka! Hon skojade hela tiden. Hon var så rolig att vara med och hennes skratt hade en oskyldig renhet utan någon sofistikation överhuvudtaget. Precis som ett litet barn som inte hade någon aning om hur man ska vara sofistikerad eller värdig. Hon var bara som en liten flicka.

Vi har fått höra så ofta att vi måste växa upp. Vi har fått höra att vi behöver bli kompetenta, mogna och fulla av tro och kraft. Vi har fått höra att vi måste samla lärdom och ta emot all kunskap så att vi alltid kan svara på människors frågor. Predikanter sa ofta till mig: "om kyrkan verkligen gjorde sitt jobb skulle vi göra det här och det här. Det är vårt ansvar att fixa världen!" Vet du var Gud fann oss? Han fann oss i kloakerna, under häckarna, på bakgatorna - några bokstavligen. Vi hade brustna och misslyckade liv. Vi tillhörde inte de förnäma i världen. Vi var utan hopp och kunde inte göra någonting rätt. Han hittade mig under ett träd i vildmarken någonstans. Jag vet inte varför han valde mig. Jag var en av de svaga i samhället. Varför kom han för att finna mig?

Enligt den presbyterianska kyrkans bekännelse - The Westminster Confession, är människans hela syfte att *tillbe Gud och glädja sig åt honom för evigt*. Det är tillräckligt, det behövs inte mer än detta. Det gäller både för kristen tjänst och våra personliga liv. Kristet liv är inte en väg till kompetens utan en väg till att bli som ett barn. Ju mer vi blir lika barn, desto närmare kommer vi honom. Och ju närmare vi kommer honom, desto mer blir vi lika barn. När Jesus sa till oss: *"Om du inte blir som ett litet barn, kan du inte komma in i Guds rike,"* tror du att det då skulle vara en annorlunda väg för honom?

Barn vet hur man njuter av livet. Vem har mest glädje? En advokat eller ett litet barn? Vem är bäst på att skratta av hela hjärtat? En arkitekt, en polis eller en liten flicka? Det är alltid ett barn. Varför? För att de är inte upptagna av alla livets svårigheter. De skrattar och skrattar åt saker som vi inte ens ler åt. De har en otrolig kapacitet att bara njuta av och vara närvarande i stunden. Många gånger har vårt kristna liv ökat allvaret i våra liv. Vi kan vandra på en spänd lina av fruktan, rädda för att inte göra saker korrekt eller leva på rätt sätt. Inte undra på att icke-kristna ser på oss och tänker: *"jag vill inte vara sådan!"*

Jesus är lik ett barn

Jesus själv var extremt lik ett barn. Matteus 11:25 säger: "Vid den tiden sade Jesus,*"Jag prisar dig Far, himlens och jordens Herre, för att du har dolt detta för de visa och kloka och uppenbarat det för de små.""*

Det tog många år för mig att inse att Jesus faktiskt talade om sig själv här. Vad är "detta" han talar om här? Han talar om de saker som han har undervisat om i de föregående kapitlen. Om de inte var uppenbarade för de visa och kloka *vem* var de då uppenbarade för? *De var uppenbarade för Jesus.* Det var han som undervisade dem. *Fadern lärde honom dessa saker för han hade ett barns hjärta.* Han sa: "Min lära är inte min egen." (Joh 14:10 NIV). Med andra ord, "Jag har inte räknat ut det här teologiskt, jag har inga egna åsikter om alla doktriner."

Han sa också: *"Sonen kan inte göra något av sig själv."* (Joh 5:19) Han sa inte: "Sonen gör ingenting själv" vilket är hur många av oss läser den versen. Han säger: "Sonen *kan inte* göra något av sig själv." Med andra ord, "det finns ingenting i mig som kan göra de saker som jag gör eller undervisa det jag undervisar. Miraklerna jag gör sker *genom* mig, inte *av* mig. De ord jag talar är inte mina ord. Det är Fadern som bor i mig som gör allt!"

Han sa inte: "Sonen *vill inte* göra någonting av sig själv." Inte heller sa han: "Sonen *har valt* att inte göra något av sig själv." Han sa: "Sonen *kan inte* göra något av sig själv." Vilket otroligt uttalande!

Jag säger detta i vördnad men Jesus var otroligt inkompetent. Han var inte vuxen och mogen! Han var lik ett barn. Vi strävar så ofta i församlingen idag efter det som är vist och klokt. Jack Winter brukade säga att denna uppenbarelse är svår för pastorer och ledare att ta emot. Eftersom jag också varit pastor, kan jag förstå den press pastorer och ledare står under. Pastorer tar ofta emot detta budskap som gott för församlingen men inte lämpligt för ledarskapet. Kristna ledare behöver öppna sina hjärtan för att ta emot det Gud har för dem.

Vishet är att agera korrekt i en given situation, medan klokhet är att fatta korrekta beslut för framtidens bästa. Ofta är pastorer fokuserade på att göra saker på rätt sätt. "Vad är rätt sak att säga och rätt tillvägagångssätt i denna situation? Vilket är rätt sätt att göra detta? Vad ska vi göra på ledarmötet? Hur förbereder vi för de kommande fem åren?" Sakta men säkert handlar det mer och mer om att leva rätt och *göra de rätta sakerna*. Jack trodde att pastorerna ofta hade blivit "de visa och kloka" och att de hade stängt sina hjärtan att var som ett barn.

Jag säger inte att vi inte ska uppträda med vishet och förnuft, men ta inte för givet att detta är det samma som mognad. När vi börjar tänka: *"detta är vad mognad är, nu är jag en mogen kristen eftersom jag gör allt detta."* Då blir vishet och förstånd vårt livs mål och ett hinder för att ta emot uppenbarelse. Uppenbarelse ges till dem med ett hjärta som ett barn. Jag tror att detta är en av anledningarna till varför vi har sett så lite sann uppenbarelse och intimitet med Gud i Kristi kropp under det senaste århundradet. Vi har fokuserat på att bli visa och kloka, när Herren faktiskt leder oss på en väg att bli som ett litet barn.

Att veta allt är inte lycka

För några år sedan var jag i Holland på ett ställe som heter Vlissingen. En morgon när jag drack kaffe med min värd sa han: "James, jag har upptäckt något; *Att veta allt gör dig inte lycklig.*" Det uttalandet berörde mig djupt. Från det ögonblick jag blev kristen trummades det in i mig att jag måste veta allt. För att vara en kristen ledare måste jag ha en åsikt om allt. Jag var tvungen att veta vad varje bibelvers verkligen betydde eller åtminstone vara informerad om alla de olika åsikter som fanns om dem. Jag kände en press att *veta allt*.

Lite senare, fortfarande i Holland, var jag talare på en konferens och delade rum med en stor holländare. Han hade en djup röst. Vi har sedan dess blivit goda vänner. På söndagen efter att den sista sessionen slutat satt vi på våra sängar och väntade på att bli skjutsade tillbaka till Amsterdam. När vi satt där ställde han en fråga som rörde ledarskap, eller något som hade med kristen tjänst att göra. Jag svarade: "Jag vet inte." Hans ögon vidgades synbart, sedan ramlade han bakåt på sängen och *vrålade* av skratt. Hela sängen skakade när han skrattade. Efter några minuter tittade han på mig, *"du vet inte?"* Jag svarade: "Nej, jag vet inte. Han föll ned på sängen igen och rullade runt av skratt. Jag satt där bara, förvånad över hans reaktion. Till slut satte han sig upp igen, "James, du är predikanten. *Du måste veta!"* Du förstår, detta är det tryck som kommer mot oss. Trycket att föröka kunskapen, att finna visdom och bli experter.

En sång av Paul Simon

Efter att Denise och jag hade blivit utbrända åkte vi till Australien för att tala på UMUs skolor. Vi ville fullfölja de åtaganden vi tidigare hade lovat. Det var en förfärlig tid i våra liv. Vi var totalt utmattade men Herren hjälpte oss igenom allt vi behövde göra. Vi körde från Adelaide till Brisbane genom den australiensiska vildmarken. Vi hade rest igenom en stad långt västerut i New South Wales som hette Bourke. Det finns ett talesätt som säger att om du är "på bortre sidan av Bourke" då är du verkligen i vildmarken! Väldigt få australiensare har någonsin varit så långt ute i vildmarken. Vi körde längs vägar där du kan köra i tolv timmar utan någon omväxling av landskapet.

Medan vi körde lyssnade vi på Paul Simons album *Graceland* på bilstereon. En sång började med en text som handlar om en karaktär som hette Ärkeängeln Fete Charlie. Den gick så här: "Fete Charlie, ärkeängeln gled in i rummet. Han sa, "jag har ingen åsikt om det här och jag har ingen åsikt om det där". Plötsligt började Denise och jag att skratta. En "ärkeängel" som inte har en åsikt! Det är OK att inte veta allt även om du är en ärkeängel! Vi började skratta och pressen att växa upp och vara stark, att mogna och att ha allt i ordning, började upplösas. Efter att ha strävat efter kunskap i åratal kändes det som en lättnad att veta att inte ens en ärkeängel behövde ha någon åsikt!

"Flitig, Flitig, Flitig"

När jag kommer till en församling har jag ofta möjlighet att tillbringa tid med pastorn innan mötet börjar. En församling har sin egen kultur precis som varje nation har sin egen kultur. Jag besöker många olika församlingar så när jag kommer till en plats för första gången är min andliga antenn uppe. Jag försöker pejla in deras kultur och värderingar för att kunna kommunicera effektivt. Jag ställer ofta frågor till pastorn och svaren ger mig stor insikt. En fråga jag brukar ställa är: "Hur står det till med församlingen?" Väldigt ofta får jag följande svar eller något liknande:

"Vi har massor att göra. Här är det full rulle! Det är så mycket på gång och församlingen växer för fullt! Den här konferensen är på gång och den här talaren kommer. Vi utökar parkeringen och vi behöver bygga ut köket. Vi har team på väg till Afrika denna helg. Ungdomsgruppen växer för fullt. Den är så stor att vi faktisk har nya ungdomspastorer på väg för att arbeta med ungdomarna. Och vi behöver fler parkeringsvakter. Vi samlar in pengar för det här och för det där. Vi ska plantera en ny kyrka här och en annan där. Tjänsten att betjäna kvinnor växer för fullt och vi evangeliserar i grannstaden."

Allt jag hör är "flitig, flitig, flitig." Många pastorer tror att det är vad du som besökande talare vill höra. De vill göra ett gott intryck. När jag hör om all flit undrar jag "oj då, vad är det som är fel här?"

Tänk dig att gå fram till Jesus en dag i Nasaret och fråga honom: "Hur går det med tjänsten, Jesus?"

"Åh, vi har så mycket att göra! Vi ska iväg till Kapernaum i eftermiddag. Vi måste få fram en båt som kan ta ut oss på sjön för det kommer en stor folkmassa. Vi har inga mikrofoner men vi kan använda vattnet. Lasarus har just dött så de väntar på mig i Betania. Marta och Maria är

verkligen upprörda. Jag skulle ha varit där för flera dagar sedan men har haft alldeles för mycket att göra! Jag har talat och undervisat överallt och jag jobbar på med lärjungarna. Men Petrus är ett problem och jag måste få honom att skärpa sig. Sedan var jag upptagen med att driva ut penningväxlarna ur templet. Det var någon som dog och då blev jag fördröjd där ett tag. Sen fick jag gå till ett annat ställe och uppväcka någon annan från de döda. Det gjorde att vi ligger efter i schemat. Sen var det kvinnan med blodgång som blev fixad, men nu är vi på väg - allt är go, go, go! Måste träna lärjungarna nu..."

Om du hade frågat Jesus hur det gick med hans tjänst tror jag inte han skulle ha svarat på detta sätt! Han skulle troligen svarat ungefär så här: *"Fadern är verkligen underbar. Vi har sett honom göra fantastiska saker. Vi bara hänger med. Det han gör är fantastiskt. Det är inte jag som gör det, det är han! Han talar om för mig vad jag ska säga och jag säger det. Det är underbart att se vad som händer då. När jag rör vid människor sker det spektakulära saker. Vi träffade en kille med en förtvinad arm häromdagen och hans arm blev totalt helad. Det var underbart! Detta är en fantastisk tid!"*

Jag tror att han skulle ha varit fylld av glädje. När Johannes Döparens lärjungar kom till honom med frågan: "Är du Messias, eller ska vi vänta på en annan?" svarade han: *"Gå och tala om för honom vad ni hör och ser. De blinda ser, de döva hör."* Han kände ingen press att försäkra Johannes om att han var Messias. Jag tror att han *verkligen* sa: "Det som händer är underbart. Vi gör ingenting, Gud gör allt. Vi är som små barn som leker i sanden och har kul."

Som jag sa tidigare har jag börjat förstå att Guds rike är en fest. Men vi har ofta gjort det till evangelisation eller goda gärningar. Vi har gjort det till något som är allvarligt och tungt. Det är aldrig något problem att bjuda någon till en fest, men det kan vara svårt att få med dem till kyrkan.

DIN SVAGHET ÄR DIN STYRKA

Aposteln Paulus visste vad det innebar att leva i svaghetens paradox. Han talar om det i sitt andra brev till församlingen i Korint. Jag tycker det är intressant hur mycket Paulus talar om sig själv. Det skulle vara fascinerande att studera de tillfällen när Paulus använder orden "jag," "mig," "min" eller "mitt" i sina brev. Sex gånger säger han "imitera mig." Jag skulle hävda att varje gång Paulus talar om sig själv bör man vara speciellt uppmärksam. I 2 Korintierbrevet 12:7 börjar Paulus tala om sig själv och han säger:

"Och för att jag inte skall bli högmodig på grund av dessa utomordentligt höga uppenbarelser, har jag fått en törntagg i köttet, en Satans ängel, som slår mig i ansiktet, för att jag inte skall förhäva mig".

Vi vet inte exakt vad denna tagg i köttet var, men vi vet definitivt att Paulus hade ett problem. Det var inte något lätt problem heller. En del människor har skämtat om att taggen var hans fru. Jag sätter ingen trovärdighet till detta! Jag upplever vanligtvis att de äkta männen är mer av en tagg i köttet mot fruarna än motsatsen. Några har sagt att Paulus tagg i köttet var att han var kort till växten därför att hans namn betyder "liten." För en man av hans kaliber skulle det inte spela någon roll. Jag tror inte att vara "vertikalt utmanad" skulle ha påverkat Paulus överhuvudtaget. Några människor säger att taggen i köttet var att Paulus höll på att bli blind. Det är en möjlighet. Han sa i Galaterbrevet 4:15: *"Jag kan intyga att ni då hade rivit ut era ögon och gett dem till mig om ni kunnat."* Han visste vilken kärlek de hade för honom eftersom han hade delat evangeliet med dem. Vadhelst denna tagg i köttet var, så hade han verkligen problem med det. Han beskriver det som "en budbärare från Satan" så det måste ha varit något som plågade honom.

I nästa vers (2 Kor 12:8) säger han:

"Tre gånger bad jag att Herren skulle ta den ifrån mig."

Paulus hade ju gått igenom mycket och han hade upplevt Guds nåd i allt. Men vad detta än var fick det honom att bönfalla Gud tre gånger om att ta bort det. Det var uppenbarligen en mycket svår sak att leva med. När han bad Herren att ta bort det blev hans begäran nekad, men Gud sa till honom: *"Min nåd är nog för dig, för min kraft fullkomnas i svaghet."*

Min kraft fullkomnas i svaghet. Sanningen är att om du vill ha Guds kraft vilande över dig och du är stark i dig själv, diskvalificerar du dig. Guds kraft kommer över människor som är svaga. Paulus styrka var inte att han blivit stark, kompetent och hade alla svar. Tvärtom, Guds nåd kom över honom *på grund av* hans svaghet! Herren sa: "Min nåd är nog för dig, för min kraft fullkomnas i svaghet."

Detta var vad jag upptäckte. Om du tror att Gud använder dig för att du ber mycket, eller för att du har gjort det ena eller det andra, *kommer ditt hjärta att ta äran själv.* Du kan till och med säga: "Jag ger all ära till Herren" men Herren noterar inte vad du *säger.* Han ser ditt hjärta. När ditt hjärta tar äran stänger Gud av kraften. Han delar inte sin ära med någon. Det krävs tro när vi inser att det inte finns något i oss som kvalificerar oss för att han ska använda oss. Det krävs då mer tro att ta steget och lita på att Gud ska använda dig. Det behövs mycket mer tro att ta ett steg i Gud när du har en överväldigande känsla av att det absolut inte finns någonting i dig som är värdefullt för Gud.

Var ett litet barn

Ett annat exempel på Paulus svaghet kan ses i 1 Korintierbrevet kapitel 2. Enligt teologer var församlingen i Korint den mest köttsliga församlingen på den tiden. Det var i alla fall deras rykte. Paulus var den främste av dåtidens rabbinska studenter. Han var briljant akademiskt och fylld av religiöst nit. Han hade fått dessa fantastiska uppenbarelser från Herren till den grad att han nu behövde en tagg i köttet för att hindra honom från att bli upphöjd i sitt eget hjärta. Inte ens aposteln Petrus förstod många av de saker Paulus talade om. Han skrev i 2 Petrus 3:15-16: *"Vår älskade broder Paulus har skrivit till er enligt den vishet som han fått, och så gör han i alla sina brev när han talar om detta. I dessa brev finns en del som är svårt att förstå."* Petrus strävade efter att förstå vad Paulus talade om. Djupet av uppenbarelsen som Paulus hade var fantastiskt och nu kom han till församlingen i Korint för att få ordning på dem.

I kapitel 2 vers 3 skriver han till församlingen i Korint: *"Svag, rädd och mycket orolig kom jag till er."*

Han dök inte upp i Korint och sa: "Jag har tänkt ut ett system för hur ni ska få tillväxt i församlingen. Jag vet precis hur man ska göra. Jag kan komma och hjälpa er med alla era problem. Jag vet vad jag ska säga till församlingsledarna och till teamet. Jag har erfarenhet och har gjort detta tidigare. Jag vet hur det går till. Jag fixar till er församling på en vecka - inga problem - två veckor max." Han sa inget sådant. Istället sa han: *"Svag, rädd och mycket orolig kom jag till er."* Han visste inte vad han skulle göra.

Paulus hade lärt sig samma hemlighet som Jesus. Att vara som ett barn. När vi tror vi vet hur vi ska göra allt är vi diskvalificerade.

Gud kommer till oss i vår svaghet. Du behöver inte veta och kunna allt för att vara Guds son eller dotter. Katie, en av Denises bästa väninnor, delade sitt vittnesbörd i ett möte för några år sedan och jag har aldrig hört ett mer hjärtskärande vittnesbörd i hela mitt liv. Ju mer hon berättade, desto mer kände jag att hon var min syster. Jag hade inte upplevt samma sorts smärta men jag kunde relatera till verkligheten i hennes historia. När människor ger en presentation av styrka och hur bra allt är vet jag inte alls hur jag ska relatera till det. Jag vet att det finns stunder när jag *verkar* ha allt på plats, och när smörjelsen kommer ser det ut som jag har en rustning på. Det kan se ut som om jag är en Guds riddare, men *ta av hjälmen och titta ned i halskragen.*

Spelar inte längre med i spelet

Tidigare försökte jag låtsas vara en kompetent person och jag lärde mig alla dessa trick för att framstå som stark. Sedan började jag se att min svaghet faktiskt är min största tillgång. Jag var bara en jägare som blivit frälst av misstag! Det var inte mitt fel! En väldigt modig person profeterade över mig att jag skulle bli en lärare av Ordet. Om du hade sett hur jag såg ut den speciella dagen skulle du förstå hur modigt det var. Och jag var galen nog att tro på det. Jag tänkte att om jag skulle bli en lärare av Ordet, måste jag börja läsa det. Jag har läst det sedan dess och nu känns det som om jag står i en flod av uppenbarelse, men jag vet absolut att det inte beror på min kompetens.

De senaste åren av vår kristna vandring har varit den bästa tiden i våra liv. Jag kunde bara uppleva denna frihet och glädje när jag klarade av att släppa allt jag känt att jag borde vara och istället bara vara en liten pojke i min Fars armar.

Vet du vad nyckeln till uppenbarelsen av Faderns kärlek är? Att bara bli som ett litet barn. *Ett litet barn.* Ju mer du försöker vara sofistikerad och kunna allt, studera Bibeln, lyssna till predikningar och läsa alla böckerna, och ju mer du vill ha ryktet om att vara den stora, starka, vuxna gudsmannen eller gudskvinnan, desto mindre kapacitet kommer du att ha att känna Gud som en kärleksfull Far för *dig.*

I min vision av riddaren som red ut ur skogen, kände jag mig som en liten pojke...*men jag satt på en vit häst.* Den vita hästen är den

Helige Ande och om du ska sitta på honom har du inte tillåtelse att hålla i tyglarna. Du måste följa med varthelst han dansar och det *är* en dans. Gud vill använda oss. Han vill att hans kraft ska uppenbaras genom oss, men paradoxen är att *din svaghet är din största tillgång.* Har du svaghet i ditt liv? Har du problem som du inte har någon lösning på? De är dina största tillgångar. Vi väntar ofta på att Gud ska fixa dem för att han ska kunna använda oss. Låt mig tala om något för dig. Han använder dig mitt i din svaghet. Ju svagare du är, desto mer kan han använda dig. Vårt största handikapp är vår egen styrka, vår egen kompetens, ackreditering och prestation. Att vara "full av tro och kraft" och "ha allt på plats" är vårt största hinder.

Om du använder din egen styrka, låter han dig få se resultatet av din styrka. Men om du kan vara svag, kommer du att få se resultatet av hans styrka. Det är oändligt mycket bättre.

KAPITEL 8

Sonskapets härliga frihet

~

Jag önskar av hela mitt hjärta att detta hjälper dig att öppna ditt hjärta för att ta emot kärleken från Fadern. Hans djupaste längtan är att ha sina barn nära sig, att vi ska leva i närhet, dolda i Kristus - i Faderns hjärta. Men det är inte allt. Det finns så mycket mer. Vi har ett härligt arv att gå in i, det arv som tillhör sönerna och döttrarna. Han är vårt arv, men det som är ännu större är att vi är *hans* arv. Nu kommer vi till höjdpunkten! Detta är vad som ligger framför oss. Det är början på ett framtidsperspektiv lika stort som evigheten själv. Så spänn fast säkerhetsbältet och gör dig redo för ditt livs resa.

Det sätt som jag predikar på har ibland varit väldigt skrämmande. Watchman Nee gjorde observationen att det finns två olika sätt att tala med smörjelse. Ett är att ha ett budskap där du vet exakt vad du ska dela hela vägen igenom och att du har förmågan att förlösa smörjelsen in i detta. Det andra är att följa smörjelsen utan att veta vart du är på väg eller vad du ska säga. Det andra sättet är mycket mer skrämmande, men också roligare därför att du aldrig är säker på vad

Herren kommer att säga härnäst. Ibland predikar jag utan att veta vad jag ska säga och blir överraskad av det jag hör komma ut ur min egen mun. Väldigt ofta hör jag mig själv säga något och jag har absolut ingen aning om vad jag talar om! Detta hände vid ett speciellt tillfälle i Tyskland och eftersom jag arbetade med en tolk, fick jag lite extra tid att be mellan meningarna. Jag sa något och visste inte varför jag sa detta men jag kände att det var Herren. Jag talade om hur Gud älskar att komma och vara en Far till oss alla i allt som sker i vår vardag. Han älskar att visa sin kärlek genom att förse oss med vardagliga saker, som en ledig parkeringsplats till exempel. När jag predikade detta, hörde jag plötsligt mig själv säga: *"men det är inte vad han är ute efter!"*

VAD ÄR DET HAN EGENTLIGEN VILL HA?

När jag sa det tänkte jag omedelbart: "Men...vad *är* han ute efter? Vad kan det vara?" Jag kände att det verkligen var den Helige Ande som talade, men jag hade inte den minsta aning om vad han var ute efter! På insidan sa jag: "Herre, vad *är* du egentligen ute efter?" Han sa ingenting, så jag fortsatte att tala och sa: "Han älskar att komma in i våra gudstjänster och smörja vår tillbedjan... men det är inte det han egentligen är ute efter!" "Vad *är* du egentligen ute efter?" ropade mitt hjärta!

Mina tankar skyndade framåt och jag tänkte: "Vad i hela friden ska jag säga?" Det kändes som om jag grävde ett djupare och djupare hål som jag inte skulle klara att komma ur! Jag hade ingen aning om vad som skulle hända, men det verkade inte finnas någon annan lösning än att fortsätta tala. Så jag kastade mig in i en berättelse om en upplevelse som Denise och jag hade varit med om.

Jag berättade om när vi var i Holland för några år sedan. Vi hade bråttom till en järnvägsstation. I Holland håller tågen tidtabellen på minuten. De väntar inte ens några sekunder. Om du inte är där exakt i tid kommer du att missa tåget. Så vi körde till stationen för att hinna med tåget. Vi hade fyra minuter på oss att parkera, gå ut ur bilen, få med oss bagaget, köpa biljetter, gå ut till spåret och ombord tåget. Nu var det bråttom! Vi kom till parkeringen och den var fullsatt. Det stod hundratals cyklar längs väggen vid parkeringen och vi insåg att detta var en mycket hektisk tid på dagen. Vi körde fram och tillbaka runt parkeringen och letade efter en tom plats men det fanns ingen. Det var helt fullt. Denise bad: "Far, kan du ordna en parkeringsplats åt oss?" Hon hade börjat be så fort vi kom till parkeringen, för hon tänkte att hon var tvungen att ge Herren lite tid att skicka någon tillbaka till sin bil. Det kan ta en liten stund även för Herren att ordna dessa saker.

När vi körde runt och försökte hitta en plats la hon till: "Herre, du kan till och med låta någon känna sig *lite* sjuk och besluta sig för att inte gå till arbetet idag!" Jag vet inte om din teologi är ok med detta, men hon bad så i alla fall. När vi kom till en annan rad med parkeringsplatser såg vi en man längst bort som hade parkerat bilen och kom gående mot oss. Plötsligt stannade han, vände sig om och gick tillbaka till bilen. Denise ropade till Vince som körde: "Följ efter den mannen!" Så vi körde efter honom och när vi kom runt hörnet klev han in i sin bil, backade ut och körde iväg. En tom parkeringsplats! Vi zoomade rakt in och Denise sa: "Du kan låta honom må bra igen nu, Herre!" Den parkeringsplatsen låg närmast dörren till stationen. Vi hoppade ut, köpte våra biljetter och sprang längs plattformen med vårt bagage. Ner för trapporna, längs en annan plattform, upp för trapporna igen och ut på den plattform där tåget väntade. Vi klev på och dörrarna stängdes bakom oss. Vi klarade det - precis!

Det är den han är. Han älskar att vara en far till sina barn på det sättet. Men när jag talade den dagen, sa jag om och om igen: *"Men det är inte vad han egentligen är ute efter!"* Han älskar att smörja våra kampanjer, vår evangelisation och våra missionsuppdrag till nationerna. *"Men det är inte vad han egentligen är ute efter!"* Frasen fortsatte att komma och jag kunde känna spänningen stiga i rummet. Alla tänkte: "Vad *är* han egentligen ute efter?"...och jag visste inte! Till slut, när jag sa det igen visade han mig.

Vi förstår att han älskar att komma och vara Far för oss i allt som händer i våra liv, men det han *egentligen* är ute efter är att vi blir hans söner och döttrar i allt som rör *hans* liv. Han vill inte bara att vi ska känna honom som far i *vår* värld, men att vi ska bli söner och döttrar till honom i *hans* värld, med *hans* perspektiv på livet.

Något som jag har lagt märke till om fäder och mödrar, är att de önskar att deras barn ska uppleva en lika bra eller *bättre* livskvalité än deras egen. Oavsett deras nivå av utbildning önskar de att deras barn ska få en lika bra eller bättre utbildning än dem. De önskar alltid ett bättre liv för barnen. Låt mig hävda att Gud känner på samma sätt för oss, hans barn. Han är vår Far och hans önskan för oss är att vi blir söner och döttrar, *passande till den han är.*

När vi började höra om Faderns kärlek, trodde vi först att det bara var till för inre helande. Sedan började vi inse att det fanns så mycket mer i detta än vi någonsin kunnat tro. Han häller sin kärlek in i våra hjärtan. Han helar oss där det finns trauman i våra liv, men det är bara början. Många av oss börjar uppleva Faderns kärlek och tänker: "Nu är jag helad och kan gå tillbaka till det jag gjorde innan och fortsätta leva som förut." Guds syften är mycket, mycket mer än det. Han vill lära oss att ständigt vandra inför honom i svaghet. Hans önskan är att vi ska bli vana vid att vara sårbara och beroende, på samma sätt som Jesus. En av de största hemligheterna i det kristna livet är att känna sig bekväm med svaghet istället för att försöka kämpa mot den.

Ofta kan vi ödmjuka oss och visa svaghet för att ta emot helade *när ingen annan ser,* men Fadern önskar att vi fortsätter att leva i det. Att vara sårbar känns riskfyllt. Gud vill att vi ska ödmjuka oss inte bara *en gång*, utan vi ska *leva* så. När vi lär oss att leva i sårbarhet, i ett ständigt behov av hans kärlek och mer och mer identifiera oss med orden *"Sonen kan ingenting göra av sig själv,"* då kan Gud använda oss. Du kan nå höjder i Gud som du inte når på andra sätt än genom ödmjukhet. Så när vi lär oss att leva så kan *han* arbeta med oss som sina söner och döttrar. Detta är vad jag har börjat se. Fadern vill att vi ska bli söner och döttrar *passande till den han är*.

När jag predikade detta i Tyskland för första gången, var det helt i början av en uppenbarelse som inte bara började förvandla mitt liv utan hela min identitet. Vid den tidpunkten i mitt liv tänkte jag: "Ja, vi har ju en relativt framgångsrik tjänst som resande predikanter. Det är bättre än något annat jag har gjort i mitt liv. Vi har tillräckligt att leva av. Det fungerar praktiskt för oss." Jag tänkte: "Detta är min uppgift. Jag är en predikant som reser runt jorden och talar om Fadern, sedan åker jag hem, tar semester och reser därefter ut igen. Det fungerar väldigt bra!"

Men när jag såg att Gud kallar oss till att vara söner och döttrar passande till den *han* är, med *hans* perspektiv på universum, började jag inse att jag behövde finna en inriktning i livet som passade en son till Gud och inte bara en resande predikant. Vad kunde jag göra med mitt liv för att bli en son som var *passande* till vem min Far är? - min Far som råkar vara Allsmäktige Gud! Det var då vi började se hela denna vision om att ge budskapet om Faderns kärlek till varje ström av kristenheten, till varje kultur, varje nation och varje människa i världen. Så började vår historia. Vi började utveckla skolor där människor kunde bli mötta av Faderns kärlek på djupet. För när den kärleken når in i ditt hjärta förändras hela din värld.

Hur är Gud?

När jag tänker på vad det innebär att vara en son eller dotter passande till Fadern leder det till en annan fråga. Hur är min Far egentligen? Vilka ord och begrepp beskriver vem min Far är? Det är dessa attribut vi behöver upptäcka för att kunna gå in i ett barnaskap passande till den *han* är. Låt mig lista några vanliga ord som omedelbart dyker upp. Gud är sanning, han är barmhärtig och han vill ha relation. Ja! Frälsning, tro, hopp och glädje - alla beskriver olika aspekter av hans natur. Absolut! Andra ord som nådig, helig och full av härlighet dyker upp i mina tankar. Sedan kan du lägga till orden med "all-" ("omni-") - allvetande, allsmäktige, allestädes närvarande.

Medan jag funderar på dessa Guds attribut, kommer jag plötsligt att tänka på ett annat ord. Det var ett ord att beskriva Guds natur med vilket jag inte tänkt på tidigare. Jag har aldrig hört någon annan kristen talare använda det ordet heller. Det var ordet "fri." Gud är FRI!"

Frihet är troligen något av det mest dyrbara för det mänskliga hjärtat. Vi har sett filmer om frihet, läst böcker om frigörelse och lyssnat på musik som uttrycker frihet. Varför fångar William Wallace i filmen *Braveheart* vår uppmärksamhet? Det är på grund av att allt i oss känner ett gensvar till en människa som är villig att ge sitt liv för frihet. Frihet för sitt eget liv, för sitt folk och sin nation. Frihet är troligen ett av de största behoven vi har som mänsklighet. Människor vill vara fria mer än något annat. Motsatsen till frihet är slaveri. Jag kan inte tänka mig något värre än slaveri. Jag skulle hellre dö! Slaveri måste vara ett av det mest ondskefulla ting som människan någonsin tänkt ut. Som individ har du inget val överhuvudtaget. Du har ingen som helst kontroll över vad du ska göra från ena stunden till den andra. Du har ingen kontroll över vad du ska äta eller vilka kläder du ska ha på dig. Om du gifter dig kan du bli åtskild för alltid, om en eller båda av er blir sålda till olika platser. Barnslaveriet är till och med värre. Det går emot allt vad frihet betyder för oss. Det finns något i oss som strävar efter hopp och som tror på något bättre.

Frihet är en grundläggande del av Guds natur och hjärta. Han *är fullständigt fri*. Frihet mäts alltid genom de begränsningar som finns. Har Gud några begränsningar? Han kan göra allt, inte sant? Han kan skapa vad han vill. Hans frihet har ingen begränsning. Men det finns en sak han inte kan göra; han kan inte synda. Det i sig själv är ingen begränsning, även om jag brukade tänka så tills jag förstod syndens natur. Människor sa till mig: "Synd är en förfärlig och fruktansvärd sak. Synda inte! Gud hatar det. Det är fel. Det är dåligt. Det är ondska!" Men dessa förklaringar räckte inte för mig. Det fanns vissa beteenden som var märkta som synd men som inte verkade skada andra. Vad var det som var så förfärligt och fel med dessa speciella saker? Mycket var uppenbarligen syndigt, men det fanns vissa synder som jag inte såg något fel i. Det finns saker i våra liv som vi tillåter för att vi inte förstår till fullo varför det är så dåligt, eller för att vi inte ser ondskan i det.

Det verkliga problemet med synden är att *den binder dig till sig*. Synden tar tag i dig, *bemästrar dig, binder dig* och stjäl din frihet. Det är *därför* synden är så allvarlig. Gud sa till Kain: "Synden lurar vid dörren och dess önskan är att mästra dig." (1 Mosebok 4:7 översatt från engelskan - översättarens anm.). Syndens längtan är alltid att mästra oss. När vi blir involverade i synd börjar dess kedjor binda oss och dra ner oss. Anledningen till att Gud inte vill att vi ska synda är inte så mycket på grund av att synden är "dåligt" (så att säga) men för att han vet att den kommer att förgöra din själ. Det kommer att dra dig djupare och djupare ner i en fångenskap som det inte finns någon annan utväg från förutom genom Jesu blod.

Så när vi säger att Gud inte kan synda, är det för att *han inte kan förlora sin frihet*. Han låter sig inte bli bemästrad av något. Han kommer alltid att förbli fri. Jag hade aldrig insett att frihet var så stort för Gud och jag började nu se detta varje gång jag läste Bibeln. Bibeltexter som Romarbrevet 8:15, 2 Korinthierbrevet 6:18 och Galaterbrevet 4:6, talar alla om att vi som Guds söner och döttrar kommer in i samma upplevelse av *frihet* som han upplever.

FRIHETEN I DENNA VÄRLDEN

När vi ser på frihet från vårt mänskliga perspektiv verkar det som om att de rikaste är de som har mest frihet i världen. Om du har en massa pengar kan du göra vad du vill. Ju mer pengar du har, desto mer frihet har du. För några år sedan flög skådespelaren John Travolta till Nya Zeeland i sitt eget Boeing jetplan, som han själv flög. Han flög mot Aucklands flygplats men när han kom till landningsögonblicket, bestämde han sig plötsligt för att inte landa, utan att istället flyga över Nya Zeeland och beundra landet först. Så han flög ner över hela Norra ön, sedan över Södra ön, såg bergen och flög sedan tillbaka till Auckland. Bara för att titta! Det måste ha kostat tiotusentals dollar för att bara titta ut genom fönstret och se det han ville se. Om du har pengar kan du göra nästan vad du vill.

Tänk dig att du vaknar en morgon av att telefonen ringer. När du svarar får du veta att du har ärvt en enorm summa pengar. Så mycket pengar att om du började använda dem i dag och sedan varje dag, skulle du aldrig kunna göra slut på dem. Tänk dig det. Du kan köpa vad som helst, det finns inga begränsningar. Om du hade den sortens pengar, vad skulle du göra med dem?

Skulle du resa runt jorden? Skulle du se världens vackraste nationalparker och ta tid att utforska dem? Skulle du köpa en ö? Vad skulle du bygga där? Den lyxigaste villan du kan tänka dig? Skulle du shoppa? Det är klart du skulle! Vi skulle *alla* shoppa! Tänk dig att du ville resa till Hawaii men alla biljetterna var slut, då kunde du köpa flygbolaget! Då kunde du resa vart du ville, när du ville. Kanske du stannade på det finaste hotellet i Monaco en tid. Du skulle till och med kunna köpa hela hotellet. Alternativen och möjligheterna är nästan gränslösa.

Om du är tillräckligt rik har du all världens frihet.

En av mina drömmar var att resa till Alaska. Till slut hade jag samlat tillräckligt med flygbonus för att ta mig dit. Jag startade i Fairbanks och liftade hela vägen ner till Anchorage. Det tog nio dagar. En kille tog med mig på en flygtur i sin tvåsitsiga Piper Cub och vi flög ned i skogsgläntor, flög runt och tittade efter älg och grizzlybjörnar. Jag fiskade lax med några andra killar och jag stod där i vattnet och fångade den ena efter den andra. Det fanns fotspår av en grizzlybjörn i sanden bakom mig, vilket var lite oroande!

När du uppfyller en dröm, har du en dröm mindre. Till slut finns inga drömmar kvar. Om du har alla pengar i världen och kan göra allt vad du vill, kan du med lätthet uppfylla alla dina drömmar inom fem år. Men du skulle bli van vid det och sakta skulle ditt perspektiv förändras och livet förlora sin spänning och sitt nöje.

För många år sedan läste jag en artikel i *Time Magazine* skriven av den psykiatriker som de superrika går till. Han gjorde detta uttalande: *"Förtvivlan hos de superrika är bottenlös."* Visst är det intressant? De superrika har all frihet i denna värld, men deras förtvivlan är bottenlös. Om alla dina drömmar är uppfyllda finns det inget mer att leva för. Jag har drömmar som jag vet aldrig kommer att gå i uppfyllelse, men jag njuter av drömmen därför att drömmandet i sig själv ger mig liv. Om du inte har några drömmar kvar och det inte finns mer du önskar göra, sprider sig död över din själ. Drömmar är oerhört viktiga för oss. *Det som blir uppenbart är att det mänskliga hjärtat har en kapacitet att drömma om en frihet långt större än vad världen kan erbjuda.* Världen kan inte uppfylla dina drömmar och den kan inte ge dig den frihet ditt hjärta är skapat för. Vi är inte designade för den begränsade frihet världen har, utan vi är designade för den frihet som Gud själv har.

Vart är vi på väg?

Det åttonde kapitlet i Romarbrevet förklarar saker om kristen tro som jag aldrig hade sett tidigare. Det talar om sonskap och visar vart Gud leder oss. Ofta ser vi bara förmånen av en speciell sanning men inte grunden för dess verklighet. Vi kan exempelvis tro att syftet med att bli fylld med den Helige Ande är att driva ut demoner, istället för att det är en biprodukt av vem vi håller på att *bli* i Gud. Vår identitet i Gud är så mycket större än förmågan att göra saker för honom.

Från kapitel 1 till kapitel 8, ger Paulus oss en övergripande bild av Guds syften genom historien och visar hur han arbetar i världen. Han avslutar bilden med höjdpunkten i mitten av Romarbrevet 8. Efter det gör han underbara uttalanden som *"Om Gud är för oss, vem kan då vara mot oss?"* och *"Vem kan skilja oss från Kristi kärlek?... höjd eller djup eller något annat skapat ska inte kunna skilja oss från Guds kärlek i Kristus Jesus, vår Herre."* Dessa är både underbara och kraftfulla uttalanden.

Jag vill dra din uppmärksamhet tillbaka till vers 22 och uttalandet som säger: *"Vi vet att hela skapelsen stönar och värker som i smärta vid barnafödande, till den tid som är nu."* (översatt från engelskan - översättarens anm.). Jag vet inte mycket om värkar som man. Men jag var med Denise när hon födde vår yngste son Matthew. Hon gick igenom hela förlossningen utan att ge ett enda ljud ifrån sig. Inte heller använde hon någon smärtlindring. Jag var mycket stolt över henne men kände mig samtidigt sjuk av att se de svåra plågor detta innebar för henne. Hon gav inte några ljud ifrån sig men hon bröt nästan alla benen i min hand - så jag vet lite om förlossningssmärta! Det sägs att barnafödande är en helt uppslukande upplevelse. Det är omöjligt att tänka på något annat när du föder barn. Paulus använder denna metafor för att beskriva intensiteten av Guds längtan att föda fram något. Hela skapelsen är i födslovåndor för att föda fram något! Det finns en otrolig längtan hos Gud för att skapelsen ska bli löst från konsekvenserna av syndafallet och bli fri.

Gud är extremt avsiktlig med vad han gör i våra liv. Ibland ser vi vår tro som ett bihang till våra liv. Vi jobbar hårt med att uppfylla våra roller. "Jag är en arkitekt, en bankir, en polis, en revisor, en arbetsledare, en medarbetare, en mor, en far, en mentor, en idrottare... och jag är även en kristen." Men att vara en kristen innebär att Gud mycket avsiktligt fullbordar ett verk i dig, för att skapa dig till det han har designat dig till. Han arbetar målmedvetet, det är ingen hobby. Detta betyder allt för honom. Han har ett medvetet syfte i allt han gör.

Om vi går tillbaka till vers 19, finns där en underbar underdrift, *" för skapelsen väntar ivrigt på att Guds söner skall uppenbaras" (sv. Guds barn)*. Guds fokus genom hela den mänskliga historien är att se sina söner och döttrar träda fram! Jag tror att när människor går djupare och djupare in i uppenbarelsen om Gud som Fader, när vi upplever hans kärlek och vandrar med honom i samma sorts gemenskap som Jesus hade, kommer vi att få se Guds söner och döttrar resa sig *med en auktoritet långt utöver något som någonsin upplevts tidigare.*

Detta kommer att vara en annan sorts auktoritet. Vi har upplevt auktoriteten i Ordet. Vi har upplevt Andens auktoritet. Vi har upplevt auktoriteten i tjänstegåvorna. Men det finns en större auktoritet. Det är Faderns auktoritet! Och den kommer bara över söner och döttrar! När Faderns auktoritet kommer, kommer den vara helt fylld av kärlek, sanning, kraft, nåd, mildhet, godhet, vishet och alla hans faderliga attribut. Det kommer vara en auktoritet som världen inte har någon kapacitet att stå emot. När den auktoriteten kommer, kommer vi att få se Guds *söner* och *döttrar* träda fram ur varje nation.

AUKTORITETEN HOS GUDS SÖNER OCH DÖTTRAR

Det är dit kristenheten är på väg. Detta är det stora målet för hela skapelsen. När Guds söner blir uppenbarade i Kristuslikhet, kommer vi att se män och kvinnor resas upp ur varje nation med en enorm kapacitet att tala rakt från Faderns hjärta. Detta går utöver auktoriteten att endast tro på Ordet, utöver auktoriteten av att vara fyllda av den Helige Ande. Det är auktoriteten som kommer av att ha Faderns personlighet stämplad på hjärtat och att vara uppenbarad i hans likhet. Det står att " ...*hela skapelsen stönar och väntar på att Guds söner skall uppenbaras."* Detta är vad det handlar om!

Han kallar oss till att vara söner och döttrar passande till den han är! Att bära Faderns stämpel, märke och *auktoritet* över oss. De två vittnena i Uppenbarelseboken 11 är bra exempel på slutresultatet av Faderns syfte. De plågar världsledarna med sina predikningar och kan inte dödas med något av världens vapen förrän Gud tillåter det. Världsledarna blir så lättade över deras död att de festar! Men Gud uppväcker dem från de döda, fullt synligt inför världen och kallar dem till himlen. Jag vill uppmana dig att läsa om dem bara för att få en insikt i hur sonskapets sanna auktoritet faktiskt kan se ut.

När vi ser på vad Paulus säger "...att hela skapelsen stönar och väntar på att Guds söner skall uppenbaras," ser vi beskrivningen av detta i vers 21, "...att också skapelsen skall befrias från sitt slaveri under förgängelsen och nå fram till Guds barns härliga frihet." Guds barns härliga frihet! Betydelsen av att vara söner och döttrar till Fadern innebär att han kallar oss att vara fria som han är fri.

Detta är vad varje god far önskar för sitt barn - att ha samma nivå av upplevelse av liv som *han* har. Vi har en Far som inte kan jämföras med en mänsklig far, utan han är Fadern från vilken varje familj på jorden fått sitt namn. Med andra ord, vi får alla vår identitet som familj och som människor genom det faktum att han är vår Far. Vi är en del av en familjerelation som existerar inom Treenigheten! Han är *Fadern*, den *äkta* Fadern, och vi är nu hans äkta söner och döttrar.

Han har lagt sin Ande i oss och han kallar oss att komma in i hans kärlek för att uppleva hans faderskap, tills vi växer till och blir söner och döttrar passande till den *han* är.

Där fanns en rörelse för några år sedan som kallades "Guds manifesterade söner" men den hade ingen uppenbarelsen om Fadern. Du kan inte vara en son om du inte har en uppenbarelse om Fadern. Sonskap handlar *egentligen* inte om sonskap utan om Fadern, därför att du är bara en son eller dotter när du har en relation med en far eller mor. Det är vad sonskap innebär. Och medan vi växer i detta sonskap för han oss in i denna *härliga frihet* som tillhör Guds barn.

Hur fri är Gud?

Den form av frihet vi är kallade till går långt utöver vad vi kan tänka. När du ger ditt liv till Herren förlåter han dina synder och du är fri. Johannes 8:36 säger: *"Om nu sonen gör er fria, blir ni verkligen fria."* Vi relaterar ofta detta till att bara vara fri från synd eller att vara född på nytt, men denna frihet går långt, långt utöver detta. Detta är bara början!

Det finns en vers i Galaterbrevet som jag aldrig riktigt förstod förrän jag började se frågan om frihet. I Galaterbrevet 5:1 står det: *"Till denna frihet har Kristus gjort oss fria."* Jag hade alltid funderat över detta för jag förstod inte riktigt vad det innebar. Varför upprepade Paulus ordet "frihet" två gånger? Varför sa han inte bara att "Gud har kallat oss till frihet?" Han var väldigt avsiktlig med sitt språk, därför att det är för *frihet* som Kristus satt oss fria. Jag brukade tänka att huvudorsaken till att vi blivit fria var att bli lösta från bojor av synd. Inte alls. Det är *för frihet* som Kristus satt oss fria. Varför? Därför att *frihet är vår bestämmelse*. Han sätter oss fria därför att frihet är så underbart, inte för att fångenskap är så förfärligt. Han vill att vi ska vandra i hans frihet och denna frihet är otrolig.

Vi drömmer om denna frihet. Jag tror att våra drömmar kommer från Edens lustgård ut ur Guds hjärta. Det finns ett eko från lustgården inom oss. Våra förväntningar om hur livet ska behandla oss när det gäller rättvisa går tillbaka till Edens lustgård. Trots orättfärdigheten som finns i dagens värld, *kommer* det komma en dag av perfekt rättvisa.

Vi är kallade att vara fria som Jesus är fri och på samma sätt som Fadern är fri. Men hur fri är Gud? Det är nu det börjar bli roligt.

En sak jag tycker om om Jesus är att han inte behövde betala skatt. För att vara mer exakt, han betalade sin skatt men han var *fri från kapitalismen metoder att skaffa pengar för att betala sin skatt.* I Matteus 17 kommer Petrus till Jesus med en fråga. Jag parafraserar honom: "Herre, skattmasen står utanför dörren. Betalar *vi* skatt?" Jesus svarade ungefär så här: "Ja, det gör vi, men vi är inte begränsade till världens sätt." Därefter sa han till Petrus att gå och fiska och sa sedan: "När du fångar en fisk, kommer den att ha ett mynt i sin mun. Det räcker för dig och mig." Jag fascineras av att Jesus inte inkluderade de andra lärjungarna i detta mirakel. Det var bara Petrus som frågade Jesus och han fick bevittna den frihet Jesus vandrade i. Så vi ser att Jesus var fri från världens skattesystem.

Jesus verkade i den Helige Andes gåvor och det var en demonstration av hans frihet från begränsningen av mänsklig förståelse. Det var inte bara så att Jesus hade en helande tjänst, utan *han var fri från sjukdom*! Han var fri från allt som hade med fienden att göra. Han helade inte bara människor, utan gav dem frihet från sjukdom. Han befriade dem från deras fängelse av smärta och ohälsa eftersom att han vandrade i denna frihet.

Han var också fri från att vara *begränsad av utbildning*. Han visste saker som han inte lärt sig i ett klassrum. Han var befriad in i Guds perspektiv av kunskap. Skriften säger: *"För oss har han blivit vishet från Gud."* (1 Korintierbrevet 1:30). Vi kan komma in i Faderns vishet. Vi kan ta emot den kunskap som han har.

Jesu var fri från begränsningen av vår jordiska kunskap. Han var fri och inte begränsad av sina fem sinnen och data som kommer genom lärdom och utbildning. Han var fri från den generellt accepterade "kännedomen" till en kunskap som gick långt utöver jordisk förståelse. Han gick på vatten, inte för att han ville det utan för att han var fri från tyngdlagen. Petrus var inte lika fri. Han såg på vattnet och tänkte: "Åh nej, jag kommer att sjunka!" och det gjorde han, tills han fick befrielse från sin otro genom att se på Jesus. Jesus var fri från att tänka så. Vi ser det när han togs upp på skyarna och steg upp till Fadern. Skulle du vilja flyga? Varför drömmer vi om att flyga om det är en omöjlighet för oss?

VI BLEV FÖDDA I ETT FÄNGELSE

Tänk dig en pojke som har fötts i ett fängelse utan fönster. Han växer upp i fängelset tillsammans med andra fångar och vet inte om att det finns något annat liv än det inne i fängelset. Hans hela perspektiv av tillvaron är fängelsesystemet. Han känner inte till något annat. Med tiden blir han familjär med alla systemen inom fängelset och lär sig att använda dem till sin fördel för att få det bättre än de andra fångarna. Han lär sig att manipulera systemet. Han vet hur fängelset fungerar och vad han kan eller inte kan komma undan med. Men han är *fortfarande inne* i fängelset. Han har aldrig varit vid havet. Han har aldrig sett bergen och han vet ingenting om lantbruk. Faktum är att han inte vet något annat än järnstänger, stenväggar och fängelseregimen. Han tror kanske att han har ett bra liv, men vi vet att han vet väldigt lite om de verkliga underverken i livet.

Poängen är att var och en av oss *har* fötts i ett fängelse. Sir Walter

Raleigh gjorde ett häpnadsväckande uttalande: "Världen är ingenting utom ett stort fängelse." Den kallas "denna världen," denna fysiska realitet och vi tänker att *detta* är allt vad livet är och allt man kan uppleva. Några av oss har blivit väldigt bra på att manipulera systemen i världen. Vi tänker: "Om jag kan förbättra livet för mig själv och få en bättre deal inom världssystemet är det bra!" Vi lever våra liv och tror att detta är det bästa som livet har att erbjuda - men det är inte sant.

Sanningen är kära läsare, att vi är Guds söner och döttrar, men när Adam och Eva syndade kom en slöja ned över mänskligheten och skymde verkligheten om vem vi är. *Vi är söner och döttrar till Allsmäktige Gud och han kallar oss in i hans frihet.* Han kallar oss till att se vem vår Far är och börja leva ett liv passande till vem *han* är. När vi i tro börjar leva i förväntan att se det övernaturliga, när vi ser förbi det vi uppfattar som "verkligt," förbi det vi ser rakt framför oss genom våra sinnen och börjar drömma om vem vi kan vara i honom, *då* börjar vi sträcka oss efter sonskap. Den underbara sanningen är att Gud kallar oss till något mycket större än vad vi förstår. Världen kommer att försöka stänga in dig. Ibland kan även församlingen försöka stänga in dig i begränsningen av att arbeta inom systemet. Men vi är söner och döttrar till Allsmäktige Gud.

ATT UPPLEVA DEN HÄRLIGA FRIHETEN

Låt mig avsluta med att återge tre historier. Dessa berättelser visar hur denna härliga frihet fungerar och ger oss en glimt av det liv vi kan förvänta oss som söner och döttrar passande till vem vår Fader är. Två av berättelserna är från vänners erfarenheter och en är min egen personliga erfarenhet.

En vän till av Denise satt i sitt hem nära Toronto och bad. Plötsligt insåg hon att hon lyftes från golvet. Hon for genom taket på huset och ut i natten. Väggar kunde inte hålla Jesus heller. Hon flög ut i natthimlen och började vandra genom luften i en väldig fart över Atlanten, sedan över Europa. Hon kunde se allt passera under sig. Det var lika verkligt som något annan ögonblick i hennes liv. När hon kom till Ryssland, började hon gå ner tills hon gick genom taket på ett litet hus långt ut i ödemarken i Sibirien. Hon stod på köksgolvet bakom en gammal man som satt lutad över ett bord och grät. Hon la sina händer på hans axlar och började be och när hon bad för honom kom Herrens glädje in i hans hjärta.

När han grät av glädje flög hon upp genom taket igen. Hon flög till Sydamerika och bad för någon annan där och flög sedan tillbaka till sitt hem. Hon hade aldrig tidigare upplevt något liknande. Hon var så förbluffad. En dag berättade hon detta för profeten Bob Jones och frågade: "Bob, vad tror du om detta?" Han svarade henne: "Men kära du, du håller ju bara på att bli en riktig kristen, det är allt!"

En annan vän från Minneapolis bad i sitt sovrum en kväll när han kände en vindpust mot sitt ansikte. Han öppnade sina ögon och befann sig på knäna på en kaj. Han hade bett under morgontimmarna men på marinan sken solen klart. Förvånad såg han sig runtomkring och undrade vad som pågick. Plötsligt såg han en flicka längre ner på kajen som skrek och hade panik. Han sprang fram till henne och upptäckte att hennes väninna hade ramlat i vattnet och var i svårighet. Ingen av flickorna kunde simma, men denne man råkade vara en mycket duktig simmare. Han hoppade i från kajen och drog upp henne ur vattnet. Han hjälpte henne upp och tog sedan en stund att försäkra vännerna. Plötsligt var han hemma i sitt rum i Minneapolis igen, hans kläder var blöta av saltvatten! Han hade ingen aning om var han hade varit. Några år senare var han på ett kristet läger när två flickor kom rusande genom folkmassan. En skrek: "Det är ju du! Du är den man som räddade mig! Du är mannen på kajen när jag ramlade i vattnet! Vart tog du vägen?" Han sa till de: "Var hände detta?" De var skeptiska: "Du vet var det var! Du var ju *där*!" Han svarade att han inte hade någon aning om var det var någonstans och berättade hela historien för dem. De sa: "Det var i Florida!"

Den sista berättelsen är en personlig upplevelse. För några år sedan hade vi en familjeträff hos Denises mor. Det blev kväll och alla pratade om vad vi skulle äta till middag. Till slut beslutade vi att beställa pizza och det blev mitt jobb att åka och hämta den. Jag gick ut på uppfarten och låste upp bilen. Precis när jag satte mig i bilen insåg jag att jag hade glömt plånboken. Jag kom ihåg att den låg i sovrummet. Men när jag skulle gå tillbaka in i huset och hämta den sa en stilla liten röst på insidan: "Oroa dig inte." Jag tänkte: *"oroa mig inte?* Jag har inga pengar på mig! Det finns tillräckligt i plånboken. Det är inget problem för mig att gå tillbaka in och hämta den. Jag behöver den verkligen!" Men återigen kom den lilla rösten: "oroa dig inte."

Så jag stängde bildörren och började köra ned mot stan - ca fem kilometer bort. Hela tiden tänkte jag: "Vad gör jag?! Jag känner inte killen på pizzerian. De kommer inte att ge mig någon pizza utan pengar. Jag borde åka tillbaka och hämta plånboken!" Men på något sätt fortsatte min kropp att köra bilen! Jag kom till en korsning där jag skulle svänga till höger så jag stannade och tittade längs vägen. Ingen bil på vägen. Jag tittade åt andra hållet - klart. Sedan såg jag något som blåste i vinden; rakt mot mig kom en $10 sedel. Jag hade aldrig tidigare sett pengar komma blåsande längs vägen och har aldrig sett det sedan dess. Den blåste rakt mot mig och en vindpust lyfte upp den över huven på bilen. "Jag ska fånga den!" tänkte jag. Så jag öppnade dörren just när den flög över huven och den landade på marken bredvid mig. Bilen jag körde var så låg så jag kunde plocka upp sedeln utan att kliva ur. Jag stängde dörren igen och åkte för att hämta pizzan. Det kostade $ 9.95! Jag hade tillräckligt med pengar i plånboken hemma, men det var som om Fadern sa: "Du tror att du är far i familjen, men jag bara visar dig att *jag* är din Far." Det var ett stort mirakel för mig även om det var en liten sak. Det fick mig att inse att vi är inte av denna världen.

Vi är Guds söner och döttrar. När vi lär oss att vandra i den oavbrutna upplevelsen av hans kärlek till oss varje dag blir vi fria. Alla de underbara, övernaturliga gåvor från Gud är egentligen bara uttryck som visar vem vi är menade att vara. När Guds söner och döttrar uppenbaras kommer riket att bli etablerat och denna värld att förändras. Allt som varit av Satan kommer att kastas ut. Dagen för Lammets bröllopsfest blir bestämd och vi kommer alla att vara där. Fadern kommer och knäböjer bredvid dig för att torka bort alla dina tårar av smärta. Skriften säger: *"Nu är vi Guds barn, och än är det inte uppenbarat vad vi ska bli."* (1 Joh 3:2). När vi är på bröllopsfesten kommer vi att se på varandra och säga: "Vi förstod inte ens hälften!!!"

Vi befinner oss i den tid då bruden förbereds inför Lammets bröllop. Vi kommer att bli Kristi brud på bröllopsdagen. På judiska bröllop är det tradition att brudgummen inte möter sin brud förrän på bröllopsdagen. Innan dess förbereds hon för honom. En dag ska vi se Jesus ansikte mot ansikte, men nu förbereds vi för den dagen.

Abraham (Fadern) sände tio kameler fullastade med gåvor från sitt hushåll med sin tjänare (den Helige Ande) så att Rebecka skulle bli van vid kärleken och den familjeomgivning som Isak (Jesus) levt med hela sitt liv. Nu är det Gud Fadern som skänker oss allt vad han är och har, så att vi förbereds och blir passande inför bröllopet med hans Son.

"Nu är vi Guds söner"

Jag känner för första gången i mitt liv att jag verkligen förstår vad evangeliet är. Det handlar om en Far som förlorade sina barn och han vill ha dem tillbaka igen. Eftersom större delen av mänskligheten har stora problem med att älska auktoritära personer, (syndafallet har orsakat att de flesta personer som har makt korrumperas av den makten) kom inte Fadern själv, utan han sände sin Son för att fullständigt representera honom och dra oss tillbaka till honom.

Vilken fantastisk person Gud är! Och vi är hans söner och döttrar! Jag ser fram emot den dag när vi får se söner och döttrar i sina fulla uttryck och frihet, resas upp ur varje nation i världen och uttrycka Faderns person, visa hans natur och verk och vandra som Jesus i denna brustna värld.

KÄLLOR

Derek Prince, *Newsletter February* 1998

C.S. Lewis, *A Grief Observed*, Faber and Faber, London 1961

Andrew Murray, *Abiding in Christ*, Bethany House Publishers, Minneapolis, Minnesota, 2003. Originally published in 1985 by Henry Altemus under the title *Abide in Christ*.

Augustine of Hippo as quoted by Fr. Raniero Cantalamessa in *Life in the Lordship of Christ*, Sheed and Ward, Kansas City, 1990

EN INBJUDAN...

Om du har tyckt om att läsa denna bok, inbjuder vi dig till en Fatherheart Ministries A-skola. Skolan varar en vecka och riktar sig på att uppenbara vår Fars kärlek för deltagarna.

A-skola har två syften:
1. Att ge dig en möjlighet att få en personlig erfarenhet av den kärlek Gud, din Far, har för dig.
2. Att ge dig den starkast möjliga bibliska förståelse om Faderns plats i den kristnes liv och vandring.

Under tiden på skolan blir du introducerad till helheten av uppenbarelsen om Faderns kärlek. Genom smord insikt och sund bibelundervisning, förmedlad genom dem som betjänar, får du ta del av ett livsförvandlande budskap om kärlek, liv och hopp.

Du kommer att få möjlighet att bli fri från det som hindrar dig från att ta emot Faderns kärlek och upptäcka ditt hjärta som en äkta son eller dotter. Jesus hade en sons hjärta inför sin Far. Han levde i närvaron av Faderns kärlek. Johannesevangeliet berättar att allt vad han sa och gjorde var vad han såg och hörde sin Far göra. Jesus bjuder in oss att komma in i den världen, som bröder och systrar till honom den förstfödde.

När vi öppnar våra hjärtan, fyller Fadern våra hjärtan med kärlek genom den Helige Ande. I ett hjärta som förvandlas av hans kärlek kan sann och bestående förändring ske. Efter åratal av strävan och prestation, finner många slutligen vägen hem till en plats av vila och tillhörighet.

För att ansöka till en A-skola gå till "Schools & Events" på:
www.fatherheart.net

FATHERHEART MEDIA

Flera kopior av denna bok och andra resurser från Fatherheart Media kan beställas från:

www.fatherheart.net/store - New Zealand

www.amazon.com - Paperback & Kindle versions

FATHERHEART MEDIA
PO BOX 1039
Taupo, New Zealand 3330

Visit us at www.fatherheart.net

www.ingramcontent.com/pod-product-compliance
Lightning Source LLC
Chambersburg PA
CBHW070602010526
44118CB00012B/1418